]

Gabriel Dur
Le Wild West Show de Gabriel Dumont

Really excellent. I laughed till I cried!
—**Marilou Lamontagne**, ICI Radio-Canada Ottawa-Gatineau

[A] play that pleases, puzzles, and provokes, in a form that keeps shifting wildly from one moment to the next like a bucking bronco.
—**J. Kelly Nestruck**, *Globe and Mail*

If *Gabriel Dumont's Wild West Show* is so successful, while being funny and sad at the same time, it's because the creative team did its research and listened to the communities involved in the rehabilitating of the figure of Gabriel Dumont. What takes shape here is a wave of madness and a rewriting of our national narrative.
—**Maud Cucchi**, *JEU Revue de théâtre*

Gabriel Dumont's Wild West Show is a crazed, fast-paced Métis 101 history lesson, in which acidity and humour deliver the story.
—**Martin Vanasse**, Radio-Canada

Full of life, even hectic, filled with surprises, colours, humour, and an agenda that can only be endorsed.
—**Marie-Claire Girard**, *HuffPost Québec*

WILD WEST SHOW

by

Jean Marc Dalpé, David Granger, Laura Lussier, Alexis Martin, Andrea Menard, Yvette Nolan, Gilles Poulin-Denis, Paula-Jean Prudat, Mansel Robinson, and Kenneth T. Williams

translated by

Alexis Diamond and Maureen Labonté (English), Fanny Britt, Jean Marc Dalpé, and Alexis Martin (French), Marjorie Beaucage (Michif), and Randy Morin (nēhiyawēwin ᗧ‖ᐃᕝᐁᐧ·ᐃᐧᐤ)

including a
Preface by Yvette Nolan

and a
Historical Background and Chronology

**A multilingual co-publication by
Talonbooks and Prise de parole**

prise
deparole

This book is a co-publication between:

Talonbooks
9259 Shaughnessy Street, Vancouver, British Columbia, Canada v6p 6r4
talonbooks.com

and

Éditions Prise de parole
205–109, rue Elm, Sudbury, Ontario, Canada p3c 1t4
prisedeparole.ca

Talonbooks is located on xʷməθkʷəẏəm, S̱ḵwx̱wú7mesh, and səlilwətaʔɬ Lands.

Éditions Prise de parole are located on Anishinaabe ᐊᓂᔑᓈᐯ Lands.

First printing: 2021

Typeset in Minion
Printed and bound in Canada on 100% post-consumer recycled paper

Cover artwork by Liliane Jodoin / Silent Partners Studio
Cover design by Olivier Lasser
Typesetting by Typesmith and Chloé Leduc-Bélanger

Library and Archives Canada Cataloguing in Publication

Title: Le wild west show de Gabriel Dumont = Gabriel Dumont's wild west show / Jean Marc Dalpé, Alexis Martin, Yvette Nolan, David Granger, Laura Lussier, Andrea Menard, Gilles Poulin-Denis, Paula Jean Prudat, Mansel Robinson, Kenneth T. Williams (authors) ; Maureen Labonté, Marjorie Beaucage et Randy Morin (translators).

Other titles: Gabriel Dumont's wild west show

Names: Dalpé, Jean Marc, 1957– author. | Dalpé, Jean Marc, 1957– Wild west show de Gabriel Dumont. | Dalpé, Jean Marc, 1957– Wild west show de Gabriel Dumont. English.

Description: A play. | Text in French and English ; includes text in Michif and Cree.

Identifiers: Canadiana (print) 20200414062E | Canadiana (ebook) 2020041450XE | ISBN 9782897441203 (softcover ; Éditions Prise de parole) | ISBN 9781772013191 (softcover ; Talonbooks) | ISBN 9782897441210 (PDF) | ISBN 9782897441227 (EPUB)

Classification: LCC PS8557.A458 W55 2021 | DDC c842/.54—dc23

Talonbooks acknowledges the financial support of the Canada Council for the Arts, the Government of Canada through the Canada Book Fund, and the Province of British Columbia through the British Columbia Arts Council and the Book Publishing Tax Credit.

Les Éditions Prise de parole remercient le gouvernement du Canada, le Conseil des arts du Canada, le Conseil des arts de l'Ontario et la Ville du Grand Sudbury de leur appui financier.

Contents

Learn and Learn, Stumble and Recover

by Yvette Nolan

In the summer of 2018, controversy exploded around Québécois playwright and director Robert Lepage and two of his recent projects. His musical *SLĀV* was cancelled at the Festival International de Jazz de Montréal in response to an outcry about a primarily white cast singing African American spirituals. His upcoming production of *Kanata* raised the ire of Indigenous artists in Canada, because despite the play's subject matter purporting to represent the relationship between First Nations and first European settlers, there were no Indigenous artists involved in its creation or production.

Artists, critics, and commentators weighed in, defending freedom of expression, or damning cultural appropriation. One of the most baffling responses came from Brigitte Haentjens, artistic director of the National Arts Centre's Théâtre français, not because she defended the artist's right to artistic freedom, but because the theatre she headed had co-produced *Gabriel Dumont's Wild West Show / Le Wild West Show de Gabriel Dumont* the previous year, developed through a process that was the very antithesis of Robert Lepage's *Kanata*. The *Wild West Show* had done its final show in Québec City not six weeks before the *Kanata* controversy erupted in the media, and yet no one pointed to the production that the National Arts Centre had just closed and that was a model for making radically inclusive theatre.

Such is the amnesiac culture of this place we currently call Canada.

This collective amnesia was one of the reasons that Jean Marc Dalpé and Alexis Martin were inspired to tell this story in the first place. Two francophone Québécois from the east, they were surprised to "discover" this unfamiliar history, surprised to discover that their history books had so little to say about Gabriel Dumont and the North-West Resistance. Dumont, after his turn with Buffalo Bill's own *Wild West Show*, had wanted to use the form to show the world the history of the Métis people, but he never did mount the show. Now, more than a hundred years later, two white men living in Québec set out to do just that.

Jean Marc and Alexis came to Saskatchewan, the Homeland of the Métis, as it is so often called in the now-ubiquitous Indigenous Land Acknowledgments, to meet artists who live and work here, and more importantly, to go out on the land. With dramaturge Maureen Labonté, they had generated a list of theatre makers from the Prairies who might be interested in participating in the project and began reaching out to them. It was important that there be francophone, anglophone, Métis, and First Nations representation, all the communities who played a role in the events of the 1880s, as well as voices from the Prairies, from Manitoba, from Saskatchewan.

In the end, ten writers committed to the project: David Granger, Laura Lussier, Andrea Menard, Gilles Poulin-Denis, Paula-Jean Prudat, Mansel Robinson, and Kenneth T. Williams, along with Jean Marc Dalpé, Alexis Martin, and me, Yvette Nolan. In July of 2015, a vanload of theatre makers drove up to Duck Lake, Fish Creek, and Batoche, on Treaty 6 Land and the Traditional Territories of the Niitsítapi ᖨᑊᒧ·ᐟᑯ, nēhiyaw ᐁᑊᐃᐣᔭ, Métis, and Očhéthi Šakówiŋ Nations, putting down tobacco in each place. At La Troupe du Jour's Production Centre in Saskatoon, we sang and smudged and talked about our hopes for the show. At those very early meetings, I was exhilarated by what we appeared to be creating, *how* we appeared to be creating. This was what a national theatre should look like, I thought, with francophone and First Nations and Métis and anglophone artists at the table, all of us talking about a story that affects us all, each of us sharing our perspective about the story with the others.

Every step of the way, the creators worked to do things in a good way, from the initial recruitment of the writers to the diverse casting of the show, from the Indigenous Protocols we followed and the ceremonies we undertook. The National Arts Centre, in the person of Robert Gagné, administrator of NAC's Théâtre français, shepherded the process with grace and openness, making things happen, rounding up resources, never saying no outright to the most challenging requests.

I started on the project as one of the ten playwrights, but fairly quickly became one of the head writers. I am a dramaturge as well as a playwright, so I am always aware of the bigger picture, how things fit together, what story we are telling. As one of the Indigenous writers on the project, I was hyperaware of how easily tensions could arise in choosing what narrative to foreground. As a Halfbreed (a termed reclaimed for us by Maria Campbell in her 1973 book of the same name), I am accustomed to standing in both worlds. (Maria often asks me, "What foot are you standing on, Yvette?") And I can work in French, which mattered, because each of the writers wrote in their preferred language.

Language. So many words in so many languages. I remember sitting in a rented room in the city of Te Rotorua-nui-a-Kahum-atamomoe, in Aotearoa (New Zealand), on the other side of the world, reading the most recent assemblage, version "VI," in French. In a note I sent to Jean Marc, Alexis, and Maureen, I told them that the toughest stuff to read was David Granger's phonetic Michif. I wrote: "Once I got that he writes *sa* when he means *ça*, once I started reading out loud, things got easier: *touffu de ptchi bwas* – oh! 'touffu de petits bois'; *fiiziis* = 'fusils'; etc." "Le MONSTRE," as Jean Marc had called it, had taken most of the day to read, but the only word I did not understand was the French noun "manigances," and Maureen quickly responded: "As in wheeling and dealing, and double dealing."

There was Michif, there was nēhiyawēwin ᑌᐦᐃᔭᐧᐁᐃᐧᐣ (a.k.a. Plains Cree), there was Lakȟótiyapi (Lakota), there was English, there was French, there was Anicinâbemowin (Algonquin), there was Kanien'kéha (Mohawk).

The process was not always smooth. Working across cultures demands constant communication, careful listening, generosity, and patience. In some ways, the group had to learn to listen in a new way, because we were all talking in different languages, not just in English and French, but from very different world views. Sometimes, a writer would feel not heard, even though others around the table gave every indication that they were listening. There were tears and there was frustration.

The act of listening takes time, and responding to the concerns raised around the table, in the studio, in side conversations – that takes time too. When the cultural divides seemed insurmountable, instead of muscling through because *the show must go on*, we stopped, took a breath, and reached out to an Elder in our community, who agreed to join us to help us navigate through these turbulent interactions.

The process of making *Gabriel Dumont's Wild West Show* and *Le Wild West Show de Gabriel Dumont* was complicated, thoughtful, sometimes painful, often joyful. It was also transformative. To see a process so supported filled me with hope and gave me reason to believe that making work in this sensitive and challenging way is possible not just for small, independent theatres and individual artists, but for large, mainstream houses with facilities and infrastructure. To see my colleagues in the process learn and learn, stumble and recover, be generous and open-hearted throughout, gave me hope that we can have these conversations, across cultures, across geography and time, and maybe understand a little more how we came to live together on this land, and how we might go forward in a good way.

Production History

Gabriel Dumont's Wild West Show / Le Wild West Show de Gabriel Dumont was initially co-produced by the Théâtre français / French Theatre of the Centre national des Arts / National Arts Centre (in odàwàg / Ottawa, Ontario), Nouveau Théâtre Expérimental (Tiohtià:ke / Mooniyaang / Montréal, Québec), Théâtre Cercle Molière (wīnipēk ᐃᐢᐸᐟ / Winnipeg, Manitoba), and La Troupe du Jour (sāskwatōn ᐢᐳᐟᐢᐳᐩ / Saskatoon, Saskatchewan) and presented at the National Arts Centre in Ottawa between October 18 and 21, 2017, at the Centre du Théâtre d'Aujourd'hui in Montréal between October 31 and November 18, 2017, at the Théâtre Cercle Molière in Winnipeg between February 17 and 21, 2018, at the Persephone Theatre (in co-presentation with Gordon Tootoosis Nīkānīwin Theatre and La Troupe du Jour) in Saskatoon between February 27 and March 4, 2018, and at the Théâtre La Bordée of the Carrefour international de théâtre in Kephek / Teiatontarie / Québec City on June 7 and 8, 2018. The cast and crew were:

Charles Bender	GABRIEL DUMONT
Jean Marc Dalpé	HOVER / HISTORIAN 1 / DON CHERRY / SURVEYOR 1 / LAWYER
Katrine Deniset	VIRGINIE FISHER / JAMES ISBISTER / HISTORIAN 2 / MÉTIS 2 / JIMMY / GAMESHOW HOST / SPENCE / PAPERBOY or -GIRL / COMMENTATOR 2
Gabriel Gosselin	LOUIS RIEL / JOSEPH OUELLETTE / CHARLES NOLIN / GAUDRY / MÉTIS 1 / JOSEPH DELORME
Alexis Martin	SÉGUIN / BISHOP VITAL GRANDIN / RENÉ LECAVALIER / SURVEYOR 2 / JUDGE / ÉDOUARD
Émilie Monnet	CHRISTINE PILON / NĒHIYAW CHIEF 1 / MOÏSE OUELLETTE / CHIEF

	TȞATȞÁŊKA ÍYOTAKE (SITTING BULL) / DONALD SMITH / COMMENTATOR 1 / MADAME TOUROND
Krystle Pederson	MONTANA MADELEINE / VAN HORNE / PRIEST / ENGLISH COLONIST
Dominique Pétin	MADELEINE DUMONT / JOHN A. MACDONALD / BUFFALO BILL / NĒHIYAW CHIEF 2
Chancz Perry	GENERAL MIDDLETON / RANDY Q. WHITE / NIGEL / FRENCH CANADIAN SOLDIER / ONTARIAN SOLDIER / OFFICER of the North-West Mounted Police / TREATY NEGOTIATOR
Andrina Turenne	ONE-WOMAN BAND

French-to-English Translation	Alexis Diamond and Maureen Labonté
French-to-Michif Translation	Marjorie Beaucage
English-to-French Translation	Fanny Britt Jean Marc Dalpé Alexis Martin
English-to-nēhiyawēwin ᗡᴵᐃ·ᐲᐳᐁ Translation	Randy Morin
English-to-Anicinâbemowin Translation	Joan Tenasco
English-to-Kanien'kéha Translation	Warisose Gabriel
English-to-Lakȟótiyapi Translation	Darlene Speidel
Artistic Directors	Jean Marc Dalpé Alexis Martin Yvette Nolan Mani Soleymanlou
Assistant Director	Jean Gaudreau
Stage Manager	Elaine Normandeau (Ottawa, Montréal, and Québec City)
Stage Manager	Adèle Saint-Amand (Winnipeg and Saskatoon)
Dramaturge	Maureen Labonté
Sets	David Granger
Lighting	Erwann Bernard

Music and Sound Design	Olaf Gundel
	Benoît Morier
	Silent Partners
Costumes	Jeff Chief
Props	Madeleine Saint-Jacques
Movement Coach	Chancz Perry
Technical Director	Élise Lefebvre
Lighting Design Assistant	Julie-Anne Parenteau-Comfort
Sound Manager	Francis-Olivier Métras
Video Manager	Victoria Morrison
	(Ottawa, Montréal, and Québec City)
Video Manager	Frank Donato
	(Winnipeg and Saskatoon)
Production Coordinator (Original Production)	
and Tour Manager	Anastasia Kitsos
Co-Producers	National Arts Centre's Théâtre français /
	French Theatre (Ottawa)
	Nouveau Théâtre Expérimental (Montréal)
	Théâtre Cercle Molière (Winnipeg)
	La Troupe du Jour (Saskatoon)
Executive Producer	National Arts Centre's Théâtre français
Associate Producer	Centre du Théâtre d'Aujourd'hui (Montréal)

This artwork was one of the two hundred exceptional projects funded through the Canada Council for the Arts' New Chapter / Nouveau chapitre initiative. With this $35 million initiative, the Council supports the creation and sharing of the arts in communities across Canada.

This production was made possible through the generosity of donors to the NAC Foundation's Creation Campaign, including Donald T. Walcot, who believe in the importance of investing in new work by Canadian creators.

Cast

5 women, 5 men, of Indigenous and non-Indigenous backgrounds

Characters

GABRIEL DUMONT

HOVER / HISTORIAN 1 / DON CHERRY / SURVEYOR 1 /
LAWYER

VIRGINIE FISHER / JAMES ISBISTER / HISTORIAN 2 /
MÉTIS 2 / JIMMY / GAMESHOW HOST / SPENCE / PAPERBOY
or -GIRL

LOUIS RIEL / JOSEPH OUELLETTE / CHARLES NOLIN /
GAUDRY / MÉTIS 1

SÉGUIN / BISHOP VITAL GRANDIN / RENÉ LECAVALIER /
SURVEYOR 2

CHRISTINE PILON / NĒHIYAW CHIEF 1 / MOÏSE
OUELLETTE / CHIEF ŤHAŤHÁŊKA ÍYOTAKE (SITTING
BULL) / DONALD SMITH / MADAME TOUROND

MONTANA MADELEINE

MADELEINE DUMONT / JOHN A. MACDONALD / BUFFALO
BILL / NĒHIYAW CHIEF 2

GENERAL MIDDLETON / RANDY Q. WHITE / NIGEL /
FRENCH CANADIAN SOLDIER / ONTARIAN SOLDIER /
OFFICER of the North-West Mounted Police / TREATY
NEGOTIATOR

ONE-WOMAN BAND

NOTE

Actors may also play minor parts:

ENGLISH COLONIST
JOSEPH DELORME
ÉDOUARD
MÉTIS WOMEN 1–4
FIRST NATIONS WOMAN
CROWD
Members of the NORTH-WEST MOUNTED POLICE (NWMP)
COMPANY ACTORS
MEMBERS OF THE ASSEMBLY
FOXY FOX NEWS
VOICES OF THE PRESS 1–8
COMMENTATORS 1 and 2
Three INDIGENOUS WOMEN
INDIGENOUS DANCER
PRIESTS
TWO SOLDIERS
NEWSIES 1–4
JUDGE
LAWYER

Setting

An empty space like a circus ring or the centre of an arena.

The audience is seated on bleachers around the space or on three sides in a semicircle.

At the back and high up, a screen or cyclorama projects titles, dates, archival images, videos, etc.

Everything should be kept simple so that the show can adapt to all sorts of venues and conditions. A genuine touring show!

Just like in Elizabethan theatre, all props and set pieces must be brought on when needed and removed once they are no longer in use.

Time

June 1884 to November 1885.

ACT 1

... UP UNTIL JUNE 1884

Gabriel Dumont (Charles Bender) recounts the battle of Duck Lake.
(Photo: Jonathan Lorange / National Arts Centre)

Gabriel Dumont (Charles Bender) raconte la bataille de Duck Lake.
(Crédit : Jonathan Lorange / Centre national des Arts)

Ouverture / Overture / Grand Entry

*Under the Big Top, all performers assemble. A drum
roll. The lights begin to ballyhoo.*

HOVER

(*voice-over*) Bonsoir! Seego! Kwei-kwei! Tanisi! Ladies
and gentlemen, mesdames et messieurs, all my relations!
Welcome to the Big Top on the Traditional Territories of ...
(*addressing the* ONE-WOMAN BAND) What city are we in?

The ONE-WOMAN BAND *answers while continuing
to play drum. The names of the Indigenous Peoples
present in the Ancestral and Traditional Territories
where the show is being held are added in* HOVER'*s
next greetings. For example, in sāskwatōn* ᕁᐣᑲ·ᒋᐤ /
Saskatoon, Saskatchewan:

Welcome to the Big Top on Treaty 6, Ancestral and
Traditional Territories of the nēhiyaw ᑐ‖ᐅᐅ, Niitsítapi
ᑎᐢᒐ·ᐟᑯ, and Očhéthi Šakówiŋ peoples and Homeland of
the Métis!

In Tiohtià:ke / Mooniyaang / Montréal, Québec:

Welcome to the Big Top on the Ancestral, Traditional, and
unceded Territories of the Kanien'kehá:ka and Anishinaabe
ᐊᓂᔑᐊᐯ peoples!

In odàwàg / Ottawa, Ontario:

[21]

Welcome to the Big Top on the Ancestral, Traditional, and unceded Territories of the Anishinaabe ⊲σʃ'ȯ.V, the Omàmiwinini, and the Kanien'kehá:ka peoples!

In wīnipēk Ȧσ-Vˋ / Winnipeg, Manitoba:

Welcome to the Big Top on Treaty 1, Traditional Territory of the Anishinaabe ⊲σʃ'ȯ.V and Očhéthi Šakówiŋ peoples and Homeland of the Métis!

In Kephek / Teiatontarie / Québec City, Québec:

Welcome to the Big Top on the Ancestral, Traditional, and unceded Territories of the Wendat and Abenaki peoples!

Welcome to all my sisters, all my brothers ... and welcome to all the Nations! Bienvenue dans votre passé, dans votre présent, dans votre futur! Welcome to visions of the past, the present, and the future! Welcome to *Gabriel Dumont's Wild West Show!*

Onscreen:

Gabriel Dumont's
Wild West Show
with

Opening credits run down like those of a classic Hollywood adventure film. As the names of actors and their characters appear onscreen, corresponding actors take a pose using a piece of costume or prop.

Louis Riel	GABRIEL GOSSELIN
John A. Macdonald	DOMINIQUE PÉTIN
General Middleton	CHANCZ PERRY
Montana Madeleine	KRYSTLE PEDERSON
A nēhiyaw ᒼᐤˡˡᐃᑄ˳ Chief	ÉMILIE MONNET
Buffalo Bill	DOMINIQUE PÉTIN

The Ring Masters, Hover	JEAN MARC DALPÉ
and Séguin	and ALEXIS MARTIN
Virginie Fisher	KATRINE DENISET
Buffalo Bill's Neighbour	ÉMILIE MONNET
Buffalo Bill's Neighbour's Dog	KRYSTLE PEDERSON
The Flora and the Fauna	JEAN MARC DALPÉ
	and ALEXIS MARTIN
Buffalo Number 4	GABRIEL GOSSELIN
Randy Q. White, Nigel,	
A Métis Crowd, A Token Black	
Actor with 12 to 22 Percent	
Indigenous Blood,	
A Treaty Negotiator,	
A French Canadian Soldier,	
An Ontarian Soldier,	
An Officer of the North-West	
Mounted Police (NWMP),	
and A Choreographer	CHANCZ PERRY
A Full Orchestra	ANDRINA TURENNE
And Starring ...	
CHARLES BENDER as Gabriel Dumont	

*Thunder swells as John A. Macdonald's transcontinental
train approaches onscreen. For a short moment,
lighting, like the headlights of a train, blinds the
audience and the sound is deafening. The Gabriel
Dumont's Wild West Show poster appears onscreen.*

MONTANA MADELEINE
(*trilling*) Lalalalalalalalalalalalalalalalalala!! (*speaking
a mixture of Michif, French, English, and nēhiyawēwin
ᓄᑊᐃᔭᐁᐧᐃᐤ, a.k.a. Plains Cree*) Tawnshii keyawow! Tawnshii
keyawow? Pis? Comment ça va, Tiohtià:ke / Mooniyaang /
Montréal (*or odàwàg / Ottawa, sāskwatōn / Saskatoon, wīnipēk
/ Saint-Boniface ... depending on the show's location*)? They
call me Montana Madeleine, me, because I am the best shot
and showgirl in all Montana. Lalalalalalalalalalalalalalalal
ala! My real name is Madeleine Parenteau. My family, they

[23]

left that Red River a long time ago. But my Métis blood, she's calling me home. niwahkōmākanitik. σ◁·"ḋL̇bσ∩'. [My relatives.] Please welcome your guides for this evening's spectacular Spectacular ...

Drum roll and lighting effects.

Your Ring Masters!

HOVER and SÉGUIN (the RING MASTERS) wave away MONTANA MADELEINE to show her that they're too busy counting the ticket money. MONTANA MADELEINE looks at the audience, then addresses the RING MASTERS again.

MONTANA MADELEINE
(*speaking Michif*) Kakwayaho! [Hurry up!]
Kiiya! Kipayhtayn chiin? [Hey you! Do you hear me?]
Itaahkamikaahk payhoo! [The show must begin!]

MONTANA MADELEINE cracks her whip. The RING MASTERS drop the money immediately. Re-announcing them:

MONTANA MADELEINE
Your Ring Masters!

Again: drum roll and lighting effects.

SÉGUIN
Mesdames et messieurs, bonsoir!

HOVER
I'm Master Sergeant Nathaniel G. Hover and this is my faithful companion, Dr. Herménégilde Séguin, certified, qualified, and bona fide apothecary.

SÉGUIN
Ladies and gentlemen! Tonight, we will take you on a historic journey ...

HOVER
An excursion ...

SÉGUIN
A wild, wonderful adventure ...

HOVER
An ... expedition.

SÉGUIN
A five-star, world-class odyssey ...

HOVER
An ... an expedition ...?

SÉGUIN
... to the Canadian West!

HOVER
Which, as you know, begins where the East lets off ...

A new title appears onscreen:

Part 1
The Wild West / L'Ouest des Métis

GABRIEL DUMONT *turns a crank and the Canadian Prairies appear onscreen. Thinking himself to be in Montréal or Saint-Boniface or Moncton,* SÉGUIN *begins his speech in French, before returning to English.*

SÉGUIN
Le sergent et moi-même, spécialistes de la narration épique, proposons nos services pour relater ... [The sergeant and I, specialists in epic narration, are here to offer you our services ...]

HOVER
(*discreetly correcting his partner*) On est à Saskatoon, Séguin ... [We're in Saskatoon, Séguin ... (*or Toronto or Vancouver or another predominantly English-speaking city*)]

SÉGUIN
(*resuming*) The sergeant here and I, specialists in epic narration, are here to offer you our services in order to relate ...

HOVER
To tell ...

SÉGUIN
To recount ...

HOVER
And tell? ...

SÉGUIN
An important episode in the founding of our vast and beautiful country ...

HOVER
Which stretches, as you all know, from sea to shining sea.

SÉGUIN
(*back to French ...*) Le sergent et moi-même aidons les
Canadiens à se souvenir depuis bientôt cinquante ans. [The
sergeant and I have been helping Canadians remember for
almost fifty years.]

HOVER
Thanks to our epic storytelling enterprise, Hover and
Séguin Limited.

*HOVER and SÉGUIN open one of their travelling cases
and pull out a poster on which is inscribed in large,
florid, and elaborate letters:*

1-888-Narration canadienne
Hover and Séguin Ltd.

SÉGUIN
(*in sales-pitch mode*) Timide ou à court de mots? [Shy or at a
loss for words?]

HOVER
Maybe you hate public speaking? Or being in the public eye?

SÉGUIN
L'équipe de narration canadienne Hover et Séguin est là!
[The Hover and Séguin Limited Canadian Storytelling Team
is here for you!]

HOVER
Whether you want to throw new light on an old battle or
recount the wiping out of a people.

SÉGUIN
À l'occasion d'un mariage, d'un enterrement, d'une bar-
mitsva, d'une endoscopie, d'un cocktail de financement ...

[On the occasion of a wedding, a funeral, a bar mitzvah, an endoscopy, a fundraising cocktail ...]

HOVER
The history of Canada will be told *for* you by two first-class storytellers! Our rates are reasonable! Call today!

SÉGUIN
1-888-Narration canadienne, Hover et Séguin, service bilingue d'une mare à l'autre. [1-888-Canadian Narration, Hover and Séguin, bilingual pond-to-pond service.]

HOVER
(*speaking quickly, as if concluding a TV advertisement with various legal disclaimers*) Hover and Séguin Epic Narratives and Storytelling is recognized by the Department of Canadian Heritage and the Canadian Food Inspection Agency.

The music ends. We hear the sound of wind.

ON VIDEO: *Blue sky with clouds over a prairie landscape, where buffalo roam.*

SÉGUIN
(*grandiloquently*) Imagine, if you will, a bivouac on the Canadian prairie, that vast and boundless expanse where the majestic buffalo roam and graze ...

HOVER
In plain English: You've got a campfire in the middle of a big field and humongous hunks of meat munching on some grass.

SÉGUIN
Could you provide us with a little historical context, please, my dear Hover?

HOVER
Certainly. In 1534, while Jacques Cartier sails across the Atlantic Ocean towards Canada –

VIDEO: Jacques Cartier's carrack La Grande Hermine, *then a train.*

SÉGUIN

Prime Minister Macdonald, not a fan of sea travel, decides to build a railway that will connect the country from coast to coast, east to west and west to east.

HOVER

And, in order to do so, in 1869 the Government of Canada orders a major survey of the lands of the Red River Métis. Louis Riel warns his compatriots of the impending danger, and they will successfully block the work of the federal surveyors!

SÉGUIN

But, as the saying goes, history repeats itself ... In 1884 Métis lands on the Saskatchewan River come once more under attack!

HOVER

Il faut organiser la résistance. [We must organize the resistance.] This is where our story becomes an epic!

VIDEO: A map of the disputed territory in what is now called the province of Saskatchewan, Canada.

SÉGUIN

Land ownership becomes a *sine qua non* condition of the community's survival ...

Notre client, notre héros, sous ses allures frustes et un brin dépenaillées, ce sympathique bonhomme fourmille de projets! Incarnant un sens de l'initiative bien canadien, ce rejeton des grands élevages de ... céréales, cet adonis barbu, ce malabar des grands espaces, ce ... [Our client, our hero, underneath his crude and slightly ragged looks, this *nice guy* is bursting with project ideas! Embodying a very Canadian sense of initiative, this offspring of large grain farms, this bearded Adonis, this rascal from the great outdoors, this ...]

BANG! A gunshot. GABRIEL DUMONT comes on with his rifle, known as "Le P'tchi" (the little one).

GABRIEL DUMONT
(*in the style of Clint Eastwood in a spaghetti western*) Bon, fini le niaisage! Vous autres là ... grouillez! [All right, stop messing around! Hey you ... hurry up!]

ONE-WOMAN BAND (*breaking character*)
(*addressing by first name the actor playing GABRIEL DUMONT*) Les nerfs, ... [Calm down, ...]

HOVER and SÉGUIN sheepishly leave the stage.

GENERAL MIDDLETON / RANDY Q. WHITE (*breaking character*)
(*prompting GABRIEL DUMONT*) La paarantii ...

GABRIEL DUMONT
(*speaking Michif*) La paarantii kaayaash ooshchi nous attend! Kaayaash ka achimoohk de notte peuple Michif oobor la rivyayr Saskatchewan icitte à Batoche ... [Our loving families await us, too! The history of our Métis Nation, on the shores of the Saskatchewan River, here in Batoche ...]

> *VIDEO: The map starts changing on the screen. We now see the immediate surroundings of Batoche, Saskatchewan: Dumont's Crossing, Duck Lake, Fish Creek, etc.*

... pour toot li moond. [... for everybody.] Our history starts right here! In this bend of the Saskatchewan River!

> *VIDEO: A change of scale. We now see most of Northern Saskatchewan: sāskwatōn ᐦᐊᐢᐠᐤᐟᐣ / Saskatoon, kistahpinanihk ᑭᐢᐟᐦᐱᐱᐊᓄᓯᐏ / Prince Albert, Battleford, etc.*

In the 1860s and 1870s, the Cree, Blackfoot, Lakota, Dakota, and Anishinaabe Chiefs were urged by the Crown to sign treaties.

Some actors are wearing buffalo heads and surround GABRIEL DUMONT, who fearlessly walks through the herd. NĒHIYAW CHIEFS 1 and 2 come forward, speaking in the nēhiyawēwin ᓀᐦᐃᔭᐍᐏ language (a.k.a. Plains Cree). The nēhiyawēwin text, in both romanized and syllabic scripts, as well as its English translation, appear onscreen over images of a buffalo running across the prairies.

NĒHIYAW CHIEF 1

mistahi e-kīsewecik paskwāw-mostosak kāyās kā-pimipahtacik. ᒥᐢᑕᐦᐃ ᐁ-ᑮᓭᐌᒋᐠ ᐸᐢᑳᐤ-ᒧᐢᑐᓴᐠ ᑳᔮᐢ ᑳ-ᐱᒥᐸᐦᑕᒋᐠ. [The thunder of the buffalo could be heard for days.]

NĒHIYAW CHIEF 2

e-kī-ohpwēyāpāhtēk māna askiy. tāpiskohc pistōsiw. kā-pe-takoyāstahk! ᐁ-ᑮ-ᐅᐦᐻᔮᐹᐦᑌᐠ ᒫᓇ ᐊᐢᑭᕀ. ᑖᐱᐢᑯᐦᐨ ᐱᐢᑑᓯᐤ. ᑳ-ᐯ-ᑕᑯᔮᐢᑕᐦᐠ! [The clouds of dust like an approaching tornado!]

NĒHIYAW CHIEF 1

iskwēwak tāsahamwak omohkomāniwāwa. ᐃᐢᑵᐘᐠ ᑖᓴᐦᐊᒷᐠ ᐅᒧᐦᑯᒫᓂᐚᐘ. [The women sharpen their skinning knives.]

NĒHIYAW CHIEF 2

kāwī minahow māna nitāstemācihonān. ᑳᐑ ᒥᓇᐦᐅᐤ ᒫᓇ ᓂᑖᐢᑌᒫᒋᐦᐅᓈᐣ. [The promise of the hunt calms our bellies.]

NĒHIYAW CHIEF 1

paskwāw mostosak pē-pāpahtāwak! ᐸᐢᑳᐤ ᒧᐢᑐᓴᐠ ᐯ-ᐹᐸᐦᑖᐘᐠ! [The Buffalo are coming!]

NĒHIYAW CHIEF 2

kāwī ta-paspenaw ekwa kotak pipon! ᑳᐑ ᑕ-ᐸᐢᐯᓇᐤ ᐁᑿ ᑯᑕᐠ ᐱᐳᐣ! [Our people will survive another winter!]

We hear a volley of shots, as if thousands of bullets were fired in a few seconds. Then, silence. Actors take off

their buffalo heads and lay them on the ground. The
image of the buffalo disappears, leaving empty prairie.

NĒHIYAW CHIEF 2

akāmihk maskihkīw'tipahaskānink ... ⊲ᑲᒥᐦ\
ᒪᐢᑭᐦᑭᓓᐧᐟᒋᐸᐦᐊᐢᑳᓂᐠᐅᒋ ... [Across the Medicine Line ...]

NĒHIYAW CHIEF 1

kihci-mohkomānak e-kīpāskisowācik paskwān-mostoswak ...
ᑭᐦᒋ-ᒨᐦᑯᒫᓇᐠ ᐁ-ᑮᐸᐢᑭᓱᐧᐋᒋᐠ ᐸᐢᑲᐧᐋᐣ-ᒨᐢᑐᓴᐧᐠ ... [The Long
Knives gun down the herds ...]

NĒHIYAW CHIEF 2

tepiyā ohci owasakayawāwa e-manāhocik! ᑌᐱᔮ ᐅᐦᒋ
ᐅᐧᐊᓴᑲᔭᐧᐋᐧᐊ ᐁ-ᒪᓈᐦᐅᒋᐠ! [For their skins.]

NĒHIYAW CHIEF 1

ōskaniwāwa ohci! ᐆᐢᑲᓂᐧᐋᐧᐊ ᐅᐦᒋ! [For their bones.]

NĒHIYAW CHIEF 2

kiyām mīna e-kīn'pah'nohtekateyāhk. ᑭᔮᒼ ᒦᓇ
ᐁ-ᑮᐣᐸᐦᓄᐦᑌᑲᑌᔮᐦᐠ. [While our bellies hug our spines.]

NĒHIYAW CHIEF 1

ēkwa nicowāsimisinānak kāmwātipayiwak. ᐁᑲᐧ
ᓂᒍᐧᐋᓯᒥᓯᓈᓇᐠ ᑳᒷᑎᐸᔨᐧᐊᐠ. [And our children grow silent.]

A TREATY NEGOTIATOR *enters, holding papers, pens,*
and chains. He is dressed extravagantly, in fine fabrics,
shiny accoutrements, and a plumed hat, as befits a
representative of the federal government. NĒHIYAW
CHIEFS 1 *and 2 aren't impressed. The* TREATY
NEGOTIATOR *gesture for the* CHIEFS *to take a seat.*

NĒHIYAW CHIEF 1

namwāc! kiyām ta-nīpaw'nān! ᐊᒫᐨ! ᑭᔮᒼ ᑕ-ᓃᐸᐧᐊᐦᐋᐣ! [No
thanks! We'd rather stand!]

The TREATY NEGOTIATOR *shrugs, as if to say*
"Suit yourself." He then dances a sort of harlequinade

with the papers, pens, and chains, treating them as wonderful gifts.

NĒHIYAW CHIEF 2

namōya ka kī "mīyinān" kīkway makīkway ē tipīhtamēk! ᐊᒍᔭ ᐸ ᐅ "ᒦᔭᐅᒍ" ᐅᐸᐧ ᒪᐅᐸᐧ ᐁ ᓂᐱᐦᐦᑕᐧᑮ! [You cannot "give us" what is not yours to give!]

NĒHIYAW CHIEF 1

namōya niwī pimātisin ta-kipowikawiyān! ᐊᒍᔭ ᓂᐠ ᐱᒫᑎᓯᐣ ᑕ-ᑭᐳᐃᑲᐃᔭᐣᐤ! [I will not live behind chains!]

NĒHIYAW CHIEF 2

(*sarcastically*) kīspin kwekīskipitenāwāw askiy! kī-kakwe-kīskiptamek kīsik, mīna! ᐴᐣᐱᒍ ᖅᐴᐣᐱᐱᐊᐅᐤᐧ ᐊᐣᐱᐧ! ᐳᐧ-ᑲᖅᐧ-ᐴᐣᐱᐦᑕᐧ ᐴᔭᐧ, ᒦᐊ! [Parcel the land! Why don't you parcel the sky!]

NĒHIYAW CHIEF 1

makihkway ekwa ihtakon ta-mācītotamihk. ᒪᐱᐦᐧᑲᐧ ᐁᐸᐧ ᐃᐦᐧᐸᐧ ᑕ-ᒫᒌᐦᐧᑕᒦᐦᐧ. [There is nothing left to hunt.]

NĒHIYAW CHIEF 2

ohi "īskonikana" namōya ta-tēpi payinwa pipohki. ᐅᐦᐧᐃ "ᐊᐣᐧdᐢᑲᐧ" ᐊᒍᔭ ᑕ-ᐁᐤᐱᐢ <ᔭᐊᐧ ᐱᔭᐢᐦᐳ. [These "rations" will not last through winter.]

NĒHIYAW CHIEF 1

tānsi ōma ta ēsi pimātisiyahk ōta? ᐸᐧᔭᐧ ᐁᐧᒪ ᐸ ᐁᔭᐧ ᐱᒫᑎᓯᔭᐦᐦᐦ ᐁᐸ? [What is our future here?]

Members of the NORTH-WEST MOUNTED POLICE (NWMP) arrive, looking bloated, grotesque, and authoritative. They speak through megaphones, squawking arrogantly. An OFFICER of the NWMP enters and gestures that he wants to speak with one of the NĒHIYAW CHIEFS. We hear the sound of marching, swelling slowly till the end of the scene.

NĒHIYAW CHIEF 2

namōya ta kī pihtikwān-āwāw ōta mahtawi askīy. ᓇᒨᔭ ᑕ ᑮ ᐱᐦᑎᑳᐣ-ᐋᐚᐤ ᐆᑕ ᒪᐦᑕᐃᐧ ᐊᐢᑮᕀ. [You cannot enter this sacred ground.]

OFFICER

(*raven-like*) Squawk!

NĒHIYAW CHIEF 1

piko ta-kīsihtāyāhk nitisihcikēwinān! ᐱᑯ ᑕ-ᑮᓯᐦᑖᔮᕽ ᓂᑎᓯᐦᒋᑫᐃᐧᓈᐣ! [We must finish our ceremony!]

OFFICER

Squawk, squawk, squawk!

The NWMP surround CHIEFS 1 and 2.

NĒHIYAW CHIEF 2

tānsi ōma ta-ēsi pimātisiyahk ōta. ᑖᐣᓯ ᐆᒪ ᑕ-ᐁᓯ ᐱᒫᑎᓯᔭᕽ ᐆᑕ. [What is our future here?]

The confrontation escalates until police sirens resound.

Part 2
The Mission / La mission

A new title appears onscreen:

Meanwhile in Batoche ...
The Lindsay School House Meeting
6 May 1884

*A CROWD gathers around a model of the Lindsay
School House in Batoche, Saskatchewan. The building
lights up from within. We hear voices from offstage –
the hubbub, the cacophony of voices before a public
meeting – and a blend of three different languages:
Michif, French, and English.*

SPENCE
What's the future look like for us here? That's the question!
What's going to happen? We can't just sit around and do
nothing while the government decides for us!

CHARLES NOLIN
Ça prend des *tchits* qu'y ont de l'allure! [We needs *titles* that
make sense!]

ONE-WOMAN BAND (*breaking character*)
Des chips? [Chips?]

CHARLES NOLIN
Des *tchitrrres*. Ça prend des *tchitrrres* qu'y ont de l'allure!
On peut pas diviser ça comme les Anglais, en carrés fermés!
(*reactions of approval*) Dumont, qu'est-ce tu dis de t'ça?
[*Titles!* We need land titles that make sense. We can't divide
the land like the English do, in little closed rectangles
(*reactions of approval*) Dumont, what do you think
about that?]

GABRIEL DUMONT

Ça nous prend des terres à nous, des terres qui portent notre nom! [We need lands that belong to us, lands that bear our name!] But ... goddamn it, we're not going to buy land we're already living on! The damn Dominion won't respond to our petitions!

SURVEYOR 1, dressed in modern work clothes, hurries in and sets up a survey picket or marker. SURVEYOR 2 appears. He's holding a long piece of white surveyors' string. He extends it over the Lindsay School House model. The people attending the meeting find themselves slowly entangled in the perimeter and made prisoners. Before our very eyes, they become trapped.

GABRIEL DUMONT

An inspector from the Department of Lands, someone by the name of Pearce ... Well, he comes here, he sees nothing here, he hears nothing here ... he doesn't even speak French! Me, I think there's only one man who can help us with Ottawa! That's Louis Riel!

A silence falls over those assembled. An ENGLISH COLONIST finally interjects:

ENGLISH COLONIST

Hold on! Riel isn't allowed back anywhere in these parts! He had a man executed in Manitoba!

CHRISTINE PILON

Riel may have made some mistakes, but if Manitoba is a province today, it's thanks to him.

Cries for and against Louis Riel. Some shouts of "Papist!" and "Sellout!" are heard. GABRIEL DUMONT calls for silence.

GABRIEL DUMONT

Listen to me! We're not going to force anyone. But those who want to help finance the expedition to Montana to find Riel

can. The others are free to do as they see fit. We're proposing:
(*turning to* CHRISTINE PILON)

CHRISTINE PILON
(*reading*) "We, the French Métis and the English of
the North-West, knowing that Louis Riel negotiated an
agreement with the Government of Canada in 1870 known
as the Manitoba Act, thought it would be advisable to send a
delegation to meet said Louis Riel in order to ask for his help
to properly shape and state our demands to the Government
of Canada."

CROWD
Let's vote! On vote!

Uproar. SURVEYORS *1 and 2 entangle all the
members of the assembly. The* CROWD *votes with a
show of hands.*

SPENCE
The proposal has been accepted by a majority! Four men
have been appointed to represent us and our cause to Riel:
Gabriel Dumont, Moïse Ouellette and Charles Nolin for the
French Métis, and James Isbister for the English Métis.

GABRIEL DUMONT
We leave on May 19th.

The CROWD *shouts hurrahs.* GABRIEL DUMONT
*takes out his large hunting knife, lifts the white
surveyors' tape up to eye level, and cuts it with a quick,
sharp movement.*

A new title appears onscreen:

The Expedition to Montana
Leaving Batoche

CHARLES NOLIN

Sa lé partchi ben de bonheuur. Li pchi jour à notre gauche.
Facque pas une plume de la bookaan dans lii shiminii à
Batoche. Maawachi kiimooch, toutes les homs a zhwall vers
Montana. Noo awiiyuk de notre dizaine sa l'a été au sud
si loin. Et pis Gabriel sa lé dans un drôle dj'humeur. Tout
exchité. Mamashkaatayhtamikh! J'crois qu'y'est content de
voir dju nouwo pays, d'aventchurer, moe tou. [We left real
early. With dawn on our left side. Not a trickle of smoke
coming out of Batoche's chimneys. Secretly, all men left on
horses towards Montana. Ten of us went southward. And
Gabriel was in a strange mood. All excited. Dear Mother of
God! I think he's happy to see the world again, to explore,
and me too.]

Once we're well on our way, I start to smile and watch the
colours swim round as the rising sun hits the currents in
the river. The plan is to follow the river south at least until
Saskatoon and to stock up on supplies there. Gabriel figures
it'll take fifteen days to reach Montana, a seven-hundred-mile
journey. On the other side of the river, a herd of wild horses
runs with the wind. I like to watch the cloud of dust they kick
up as it flies off to the east. I like to think that dust will make
it all the way to Ottawa and get Macdonald's nicely pressed
trousers good and dirty.

Onscreen:

Out on the Prairies

MOÏSE OUELLETTE

Ici la plaine a roule pas mal. Mais on y va tranquillement à
cause qu'on sait pas qui qui se cache de l'autre bord. Pooyoo!
Gabriel s'est arrêté d'un coup. Y'a sorti le P'tchi, paré à tirer.
Pis y nous fait signe. [Here the plain is real easy to cross. But
we go slowly because we don't know who might be hiding at
the other end. All of a sudden Gabriel stops. He got his gun
out, ready to fire. Then he gives us a signal.]

The four of us draw our guns. On the other side of the trail at the bottom of the coulee, the sound of twigs snapping beneath a heavy foot, not a rabbit or a partridge, that's for sure. Then, Gabriel he makes the sound of a buffalo. I think, okay, we're going to camp here and eat fresh meat tonight. But it's not buffalo down there in the coulee. A band of Blackfoot, maybe twenty men. The only buffalo here, though, was Gabriel and the P'tchi ready to say "Hi-how-are-ya?" Ha ha! The four of us are good to fight the band of 'em, too. But Gabriel starts talking to them in their language. The Blackfoot know Gabriel, the great hunter. They tell him that the police came by their camp looking for travellers, looking for Gabriel Dumont. And we knew right away who had sent the police. It was that damned Lawrence Clark from the Hudson's Bay.

Clark, c't'un vrai chicaneur. Un chien de sa mère. Pis là, y veut arrêter not' mission pour Riel. [Clark's a real pain in the neck. A son of a bitch. Then and there, he wants to stop our mission to get to Riel.]

Onscreen:

The Cypress Hills

CHARLES NOLIN
Yesterday two thieves came in the night and stole all our food and supplies. Those two, they'd drunk all our booze. Sontaient saouls, saouls comme des Anglais. Gabriel, ça l'a choqué nwaer. Il souffle comme un tooroo. Il lève le P'tchi pis y vise la tête. [They were drunk, drunk like Englishmen. Gabriel, that made him go berserk. He was breathing like a bull. He raises his gun and aims for the head.]

HOVER
Une tête en particulier? [One head in particular?]

CHARLES NOLIN

(*ignoring* HOVER*'s question*) Pis là Gabriel leu dit de baisser leu culottes, de lever les bras dans l'air, pis sa va avec une corde, y les attache contre un arbre. [Then Gabriel tells them to drop their pants, to raise their arms up, and he ties them to a tree with a rope.]

> HOVER *and* SÉGUIN *pull down their pants.*

Pis y les laisse là, tu-nu dans le milieu du bwa. [Then he leaves them there, naked in the woods.]

SÉGUIN

C'est pas la peine de raconter une épopée si c'est pour être désagréable. [Not worth telling an epic if it's to be nasty.]

HOVER

Moi, je trouve pas ça si mal. Ça rafraîchit la raie. [Me, I don't find it that bad. It cools down the crack.]

CHARLES NOLIN

"Hey!" qui dit Gabriel. "Arrête de parler." Pis là on reprend toutes nos affaires, on les monte dans la charrette à Moïse. ["Hey!" says Gabriel. "Stop talking." So then we pick our stuff up and fill up Moïse's cart.]

> HOVER *farts as he bends down to pick up his pants.*

ONE-WOMAN BAND (*breaking character*)
(*with disgust, addressing the actor, not the protagonist*)
[Actor's first name]!

CHARLES NOLIN

Gabriel fait craquer son fouet, pis on wayage. [Gabriel cracks his whip and we travel.]

> *Onscreen:*

Montana

JAMES ISBISTER

Gabriel stops by a little lake feeding into the Missouri. Nearly two weeks and we've made it past the border. Montana. From here on, it's a mystery. We hope to make it to the fork with the Sun River by night, but the Missouri is wide and curving and the plains are slowly giving way to hills. The horses tire quick from the climbs and the heat. Progress is slow on this day, but I'm glad that so far I haven't had to translate Gabriel to no Yankee. We're a two-day ride from St. Peter's Mission. The moon is a bullet hole in the Montana sky. We boil water over our fire. Louis is near.

A new title appears onscreen:

Dumont Meets Riel

4 June 1884

A large cross stands on the Montana plain. We hear a hymn drifting across the prairie and the sound of church bells that sound suspiciously like the hammer of railway spikes: clang! clang!

LOUIS RIEL leaves the mass and approaches GABRIEL DUMONT with his hand extended.

GABRIEL DUMONT

Louis Riel!

LOUIS RIEL

Vous avez fait un long voyage pour arriver jusqu'ici. Je ne sais pas qui vous êtes, mais vous semblez me connaître. [You have come a long way to get here. I do not know who you are, but you seem to know me.]

GABRIEL DUMONT

Mon nom vous dira p't-être quelque chose. Gabriel Dumont. [My name might ring a bell. Gabriel Dumont.]

LOUIS RIEL

Gabriel, a messenger from God.

GABRIEL DUMONT
No, from Saskatchewan.

LOUIS RIEL
I have been expecting you.

GABRIEL DUMONT
Louis Riel, the people need you. The Government of Canada ignores our appeals to negotiate, to protect our lands, to release the grain rations meant for the hungry.

LOUIS RIEL
It has been fifteen years since I gave my heart to my country. I am ready to give it again now.

GABRIEL DUMONT
You will come home, then?

LOUIS RIEL
I will. But Gabriel –

GABRIEL DUMONT
Yes, Louis?

LOUIS RIEL
There will come a time when you will want to take action, and I will say no. When you will want to go, and I will say "Stay." What will you do then?

GABRIEL DUMONT
I will follow your direction in everything.

LOUIS RIEL
You are a hard-headed Métis, Gabriel Dumont.

GABRIEL DUMONT
You are the only man I will ever call Chief.

LOUIS RIEL
All right, then. I need to finish mass, and then we will go. Would you like to come and be blessed?

GABRIEL DUMONT
I'm okay.

LOUIS RIEL
Come. Perhaps you will hear God speaking to you.

GABRIEL DUMONT
If He speaks to you, Louis, that's good enough for me. You finish your conversation with God, and we will prepare for the journey home.

The CROWD *from the mass lowers the cross that stands on the prairie and transports it into the wagon that* LOUIS RIEL *and his family ride back north, towards Saskatchewan.*

LOUIS RIEL
Chief is nice, Gabriel, but I am thinking of another title.

GABRIEL DUMONT
Like?

LOUIS RIEL
What do you think of "Prophet without Office"?

Part 3
The Homecoming / Le retour

HOVER and SÉGUIN enter as horses, followed closely
by MONTANA MADELEINE, a veteran star of the Wild
West Show, and various COMPANY ACTORS. She is
dressed in a long, traditional-style dress, perhaps of
hide or deerskin, with beaded leggings, a double holster,
and a whip.

MONTANA MADELEINE
Lalalalalalalalalalalalalalalalalala!!

She shows the equine versions of HOVER and SÉGUIN
out by cracking her whip. One leaves quickly while
the other ...

HOVER (*breaking character*)
Eh, wô, wô! C'est juste du théâtre, câlisse. [Hey, whoa, there!
Holy shit, it's only theatre.]

The COMPANY ACTORS show MONTANA
MADELEINE their support during the following.

MONTANA MADELEINE
I am a Métis woman. And yes, me, I make a good rabbit stew.
But these white men won't tell you my story.

ONE-WOMAN BAND (*breaking character*)
She makes a good rabbit stew, but these white men won't
listen to her story.

MONTANA MADELEINE
Me? I tracked that rabbit. I shot that rabbit. I skinned it. I
made the fire to cook it. I tanned that hide and made these
beaded leggings, me.

GENERAL MIDDLETON / RANDY Q. WHITE (*breaking character*)

Independent woman! You go, girl!

MONTANA MADELEINE

And they won't tell you about how I can ride the wind, smell an elk ten miles away, and kill it with a word. And what I do to Rabbit and Elk, I can also do to Beaver! To Buffalo! To Bear!

ONE-WOMAN BAND

But these white men won't listen to her story.

MONTANA MADELEINE

Me. I'm Montana Madeleine! I am a Métis woman! That means I am everything I need to be. Hunter, tracker, crack shot, whip cracker, showgirl ... survivor.

Change of tone. The COMPANY ACTORS *listen to her more seriously. They are impressed by her determination, her conviction.*

MONTANA MADELEINE

My heart connects me to this land, to my relatives. To God. I followed those two men – that Louis Riel and that Gabriel Dumont – all the way from Montana. Something great, she is happening. A stand for our way of life.

niwahkōmākanitik. aniki nīso napewak ka kī we chaweychick *The Wild West Show.* ᓂᐘᐦᑰᒫᑲᓂᑎᐠ. ᐊᓂᑭ ᓃᓱ ᓇᐯᐘᐠ ᑲ ᑮ ᐍ ᐨᐦᐊᐍᐩᐨᐦᐃᐨᐠ *The Wild West Show.* [My relatives. Ladies and gentlemen. Please welcome the stars of our *Wild West Show.*]

GENERAL MIDDLETON / RANDY Q. WHITE (*breaking character*)

I wish I understood what she was saying. It sounds so beautiful!

MONTANA MADELEINE

Gabriel Dumont ēkwa Louis Riel. ēwakwāniki kakeykneegakneechick. ᐁᐘᒁᓂᑭ ᑲᑫ⁺ᐠᓀᐁᑲᐠᓀᐁ⁻ᐦᐃ⁻ᐠ. [Gabriel Dumont and Louis Riel. Those who lead.] Lalalalalalalalalalalalalalalala!!

A new title appears onscreen:

The Return of the Prodigal Son

On the outskirts of Batoche, our two travellers, LOUIS RIEL *and* GABRIEL DUMONT, *enter on an odd tandem bicycle.* GABRIEL DUMONT *is steering. Their choreographed entrance still needs some rehearsal.*

LOUIS RIEL

Dieu eut la main généreuse en daignant bénir le pays des fiers Métis! [God had a generous hand in deigning to bless the land of the proud Métis!]

GABRIEL DUMONT

Pense pas que Macdonald voit ça dji même. [Don't think Macdonald sees it this way.]

LOUIS RIEL

Le roulement vallonneux du pays mitchif, ces monts et ces coulées, la moire des prairies et des bosquets qui module l'horizon le long de la Saskatchewan ... Jésus Dieu! On dirait un foulard herbeux déposé délicatement sur le cou d'une femme. [The rolling hills of Michif Country, these mountains and ravines, the moirés of the meadows and groves that modulate the horizon along the Saskatchewan River ... Jesus God! They are like a verdant shawl delicately placed on a woman's neck.]

GABRIEL DUMONT

Ben. Éhé. Te l'avais dit que c'était beau. [Well. Eh. Told you it was nice.]

LOUIS RIEL

"Beau" ...? C'est bien timide pour souligner la majesté de cette terre et de ce ciel. ["Nice" ...? Pretty timid for naming the majesty of this earth and sky.]

GABRIEL DUMONT

Qu'est-ce que tu veux que je te dise? Moé, j'trouve ça ... "beau." Moi, les mots, Louis, on peut pas faire du pemmican avec, fait que ... [What can I say? Me, I find it all ... "nice." You know, Louis, words and me ... Words don't make good pemmican, so ...]

LOUIS RIEL

"Majestueux," Gabriel. ["Majestic," Gabriel.]

GABRIEL DUMONT

(*switching to a Prairies French pronunciation*) Majischuweux, ehé, Louis, ehé, majischuweux.

> *LOUIS RIEL applies the brakes on the bike and brings it to a stop.*

GABRIEL DUMONT

Ah, Louis, qu'est-ce qu'y a encore? [Hey, Louis, what is it this time?]

LOUIS RIEL

I have to pray. Right here, right now, Gabriel.

GABRIEL DUMONT

Louis, no, we just stopped back there at the top of the last hill ...

LOUIS RIEL

To rest the horses.

GABRIEL DUMONT

Yeah, right, and I told you that you should pray before getting back in the buggy.

LOUIS RIEL

But I feel like praying now.

GABRIEL DUMONT
But ... cré Louis! [... darn Louis!] Just before crossing the river barely four miles back, we stopped for that, for you to pray, Louis.

LOUIS RIEL kneels and starts a slow prayer. GABRIEL DUMONT paces, muttering to himself.

GABRIEL DUMONT
But Louis, I can see Batoche, right over there.

LOUIS RIEL
Lord God Almighty ...

GABRIEL DUMONT
And there he goes. Namoya. [But no!] Two weeks together in that wagon ...

I hope we did the right thing going to get him. Manitoba Act, Manitoba Act. Okay, fine ... he managed to negotiate a treaty, but what did the Manitoba Act really succeed in doing? The government still doesn't respect the Métis. Is Riel going to be able to rally the people and get them to take up arms?

LOUIS RIEL
Pater Noster, qui es in caelis ...

GABRIEL DUMONT
Good! Éhé!

COMPANY ACTORS
Éhé!

A new title appears onscreen:

Batoche

We hear the sounds of a CROWD: music and hurrahs. GABRIEL DUMONT and LOUIS RIEL find themselves on the steps of the Saint-Antoine de Padoue Church at Batoche in front of a large CROWD of ecstatic Métis.

GABRIEL DUMONT and LOUIS RIEL eye one another. The CROWD waits.

GABRIEL DUMONT
Louis.

LOUIS RIEL
Gabriel?

GABRIEL DUMONT
Euh, tu crois pas que ... peut-être que ... tu devrais dire quelques mots à la foule? [Um, don't you think you should ... maybe ... say a few words to the crowd?]

LOUIS RIEL
Yes. I agree. I think I should. But in order to win these good people over, I also think it would be preferable if you introduced me to them yourself. Hmm ... It takes a go-between. Introduce me.

GABRIEL DUMONT
You're the one they want to hear speak. Me, I'm good at hunting, military stuff ...

LOUIS RIEL
Listen, my friend ... I have a plan. I have a vision for the Métis people. Mais je peux pas livrer sans préambule, ça me prend un petit élan ... [But I can't deliver without some form of introduction, I need a little push ...] A little something to warm up the crowd ... Something along the lines of: "Ladies and gentlemen, back after sixteen years in exile, here he is, standing before you, the Incense-Bearer of the Red River, the father of Manitoba, the one, the only, the incomparable, Louis Riel!" Nothing fancy. Keep it nice and simple.

GABRIEL DUMONT
Yeah, but that's not the way I talk, me ...

LOUIS RIEL
Paraphrase, Gabriel, paraphrase.

GABRIEL DUMONT takes a step forward. LOUIS
RIEL stops him and adjusts his coat and Métis sash.

RIEL

Articulation, projection.

GABRIEL DUMONT

Michif of Batoche, (*short pause*) Louis Riel!

CROWD

(*joyously*) Louis, Louis, Louis Riel!

LOUIS RIEL

Chers frères métis, cousins, sang de ma patrie! [Dear Métis brothers, cousins, blood of my homeland!] Your cries of rebellion were carried to me on the wind all the way down the Saskatchewan and along the banks of the Missouri River! In truth, I say to you, I am here to put an end to your suffering and to breathe new life, new energy into the Métis Nation!

CROWD

Hooray! Yay! Oooooh!

LOUIS RIEL

Notre combat est juste! [Our battle is just!] I know this battle well. I fought it in the seventies at the Red River. The white men came to our Lands, chez nous! [on our Lands!], armed with lies and guns. They pillaged our resources, subjugated our Indian brothers, and destroyed our way of life. In 1870, we exposed their treachery, we made the façades of their red brick palaces tremble, and we signed the Manitoba Act.

LOUIS RIEL magically "pulls out" the Manitoba Act
from under GABRIEL DUMONT's coat. Reactions from
the CROWD: "Praise the Lord!," etc.

LOUIS RIEL

This document promised us seven hundred thousand hectares of land. But those two-faced Orangemen who signed it ...

HOVER (*breaking character*)
Les osties! [Those bastards!]

LOUIS RIEL
... those thieves ...

HOVER (*breaking character*)
Les câlisses! [Those assholes!]

LOUIS RIEL
... those liars ...

HOVER (*breaking character*)
Les tabarnaks! [Those sons of bitches!]

LOUIS RIEL
... those apostates! ...

HOVER (*breaking character*)
Les osties de câlisse de tabarnak! [Those bastard asshole sons of bitches!]

LOUIS RIEL
They never kept their word! Rien! [Nothing!] Nothing was given to us! Nothing that was ours by right was ever returned to us! Rien! They lied to us!

In circus fashion, LOUIS RIEL pulls red scarf after red scarf out of GABRIEL DUMONT's gaping mouth.

RIEL
They stole from us! They encouraged strife and disagreement among us! Ils ont sali notre langue, notre culture, notre foi! [They have soiled our language, our culture, our faith!] They degraded everything that God, in his goodness, gave the Métis people!

CROWD
(*cheering*) Whoo hoo!

GABRIEL DUMONT, more and more disturbed by the scarves coming out of his mouth, turns to LOUIS RIEL.

LOUIS RIEL

Mesdames et messieurs, je vous prie d'accueillir chaleureusement votre chef de chasse [Ladies and gentlemen, I ask you to warmly welcome your hunting leader], the Captain of the Hunt, Gabriel Dumont!

He raises GABRIEL DUMONT's arms in the air like a campaigning politician. The CROWD cheers.

MONTANA MADELEINE rushes on stage. She shoots a few rounds of bullets from her pistols.

MONTANA MADELEINE

Enough! That's enough! Enough of these two clowns and their stunts!

HOVER and SÉGUIN intervene.

SÉGUIN

Stunts?

HOVER

No, Madeleine, what we do is entertain!

SÉGUIN

Even more than that! What we're offering here, tonight, on this stage is the magic of theatre!

MONTANA MADELEINE

It's not magic, it's cheap tricks! Riel did not use tricks. We trusted his words, him. That's why they were prophetic. Louis Riel was a wise man, a Father of Confederation.

SÉGUIN

Oups, y nous en manquait un ti-boutte. [Oops, we were missing a piece of the puzzle.]

MONTANA MADELEINE

And ... Gabriel Dumont was not a voiceless puppet. (*to the audience*) He spoke seven languages. And all the nations listened.

HOVER
SEVEN languages!

MONTANA MADELEINE
The only language he didn't speak was "political
mumbo jumbo."

HOVER
Madeleine, that's why our story is about to take on epic
dimensions –

MONTANA MADELEINE
Exactly. All of us. We were all there – and not just the men!

A new title appears onscreen:

The Women of Batoche

*Music resembling Lalo Schifrin's "Theme from Mission:
Impossible" plays. MADELEINE DUMONT,
CHRISTINE PILON, and VIRGINIE FISHER join
MONTANA MADELEINE onstage.*

GABRIEL DUMONT
Ladies ...

MADELEINE DUMONT
Tut-tut, mon mari. Je sais qu'on est en 1884 [Tut-tut, my
husband. I know we're in 1884], and in 1884 we've got a
long way to go before getting the right to vote, but that's
not going to stop us! (*motioning to* CHRISTINE PILON)
Christine Pilon!

CHRISTINE PILON
Merci, Madeleine Dumont! The goddamn government in
Ottawa is forcing us to go to war! I wrote the last petition,
me, and during the long trip to Montana, I started writing the
next one. (*motioning to* VIRGINIE FISHER) Virginie Fisher!

VIRGINIE FISHER

Thank you, Christine Pilon! I've got a list here of all the Métis contacts on our territory with their addresses. Louis, we've organized a first public assembly meeting a week Monday in Prince Albert. Christine Pilon!

HOVER

Okay, just a minute now, we're not gonna let the little ladies –

MADELEINE DUMONT, CHRISTINE PILON, VIRGINIE FISHER, and MONTANA MADELEINE turn towards HOVER with dangerous looks. HOVER immediately stops talking and leaves the stage.

CHRISTINE PILON

We know our names aren't going to end up in the history books, right, Montana Madeleine?

MONTANA MADELEINE

That's right, Christine Pilon. But where would you be without us, our mothers, our grandmothers? (*giving CHRISTINE PILON back the mic*) Christine Pilon.

CHRISTINE PILON

Without us, our mothers, our grandmothers, there wouldn't be a Métis Nation to defend!

LOUIS RIEL

We are lucky to have you, ladies!

ONE-WOMAN BAND (*breaking character*)

You bet!

LOUIS RIEL

You and your many, many talents! La sincérité rassemblera ses appuis, et sous peu nous goûterons à ses fruits. [Sincerity will gather support, and soon we will taste its fruits.]

MADELEINE DUMONT
Sous peu, mais pas ce soir, Louis. Le ventre vide, une armée ne va pas très loin. [Soon, but not tonight, Louis. An army doesn't go far on an empty stomach.]

MONTANA MADELEINE
Louis Riel. The women of Batoche have prepared a feast in your honour.

CHRISTINE PILON
Stew!

VIRGINIE FISHER
Bannock!

MADELEINE DUMONT
Tous des produits de la terre des Métis pour accueillir notre Louis, qui est revenu en Saskatchewan! [All produce from the land of the Métis to welcome our Louis, who has returned to Saskatchewan!]

LOUIS RIEL
Mesdames, merci. Je salue votre sagesse et votre courage. [Ladies, thank you. I salute your wisdom and courage.]

MONTANA MADELEINE
And our ability to throw a party, too! Music!

Traditional Métis music begins.

MADELEINE DUMONT, VIRGINIE FISHER, and CHRISTINE PILON
Lalalalalalalalalalalalalalalalala!

Bishop Vital Grandin (Alexis Martin) attempts to tame a crowd of wild animals.
(Photo: Jonathan Lorange / National Arts Centre)

Monseigneur Grandin (Alexis Martin) dans un numéro de domptage de fauves.
(Crédit : Jonathan Lorange / Centre national des Arts)

ACT 2

JULY 1884 TO MARCH 1885

John A. Macdonald (Dominique Pétin) prepares to quell the North-West Resistance. (Photo: Jonathan Lorange / National Arts Centre)

John A. Macdonald (Dominique Pétin) s'apprête à mater la résistance du Nord-Ouest. (Crédit : Jonathan Lorange / Centre national des Arts)

Part 1
Winter Is Coming / Fait frette!

A strong winter wind is blowing. The party at the end of act one comes to an end as everyone on stage exits the stage quickly, out of the cold.

HOVER and SÉGUIN enter wearing ridiculously large down parkas. They circle the ring like runway models at a fashion show.

HOVER
Well yeah! We're in Canada, eh?! The nice weather doesn't last forever. Those lovely warm summer days on the Prairies have to give way to autumn ...

SÉGUIN
Puis les magnifiques journées pleines de couleurs aux abords de la rivière Saskatchewan cèdent la place à ... [Then the magnificent days full of colour on the banks of the Saskatchewan River give way to ...]

HOVER and SÉGUIN
Winter! Goddamn winter!

HOVER
And ... trying to rally support on the Prairies in the middle of January ...

SÉGUIN
Is no walk in the park! Listen to this song and you'll see ...

HOVER
Take it away, Ms. Buffalo.

As they leave, MADELEINE DUMONT and GABRIEL DUMONT come onstage with microphones and sing the following song (freely inspired by Frank Loesser's 1940s "Baby, It's Cold Outside").

GABRIEL DUMONT
My mission is clear.

MADELEINE DUMONT
Yes but have you looked outside?

GABRIEL DUMONT
Go fight the good fight.

MADELEINE DUMONT
Wind's blowing pretty hard out there.

GABRIEL DUMONT
No matter how hard it blows.

MADELEINE DUMONT
I won't let him out of my sight.

GABRIEL DUMONT
Or how hard it snows.

MADELEINE DUMONT
Imagine sleeping in a tent tonight?

GABRIEL DUMONT
I gave my word to Louis.

MADELEINE DUMONT
But it's dangerous, can't you see?

GABRIEL DUMONT
Riling up the Council's no good.

MADELEINE DUMONT
But we're all out of firewood!

GABRIEL DUMONT
Remember that this is no game.

MADELEINE DUMONT
If we freeze I'll know who to blame.

GABRIEL DUMONT

Hand me my fur hat and I'm gone.

MADELEINE DUMONT

Ooh! I love that Shania Twain song!

GABRIEL DUMONT

My friends, life ain't easy.

MADELEINE DUMONT

When you live in the bush by a stream.

GABRIEL DUMONT

When all night them coyotes yelp.

MADELEINE DUMONT

And central heating is just a dream.

GABRIEL DUMONT

When your running water's a creek.

MADELEINE DUMONT

The North is just no place for the meek.

GABRIEL DUMONT

C'est dur la vie dans l'Nord. [Life's hard in the North.]

MADELEINE DUMONT

Quand on gèle dehors! [When you're freezing outside!]

> *Musical interlude. SÉGUIN comes back onstage
> and tap-dances. After he leaves, MÉTIS 1 and
> MÉTIS 2 arrive.*

MÉTIS 1

Dumont! There's a gathering of farmers in Prince Albert!
Riel's waiting for you there! And then, he wants you to
help him prepare for the meeting with the Lakota from
Wood Mountain.

MÉTIS 2

We've got the new draft of the petition.

*MÉTIS 1 and 2 leave. The DUMONTS' song
continues…*

MADELEINE DUMONT
You really must go.

GABRIEL DUMONT
Okay but it's been getting worse outside.

MADELEINE DUMONT
Now I'm kicking you out.

GABRIEL DUMONT
Have you seen all the snow coming down out there?

MADELEINE DUMONT
But you've got new snowshoes!

GABRIEL DUMONT
Tonight's not a night to test shoes.

MADELEINE DUMONT
It's only minus two!

GABRIEL DUMONT
Shit, where that road disappear to?

MADELEINE DUMONT
Farmers are about to drop us.

GABRIEL DUMONT
Farmers always make a fuss.

MADELEINE DUMONT
Mounties are about to arrive.

GABRIEL DUMONT
Don't you want me to stay alive?

MADELEINE DUMONT
John A.'s getting madder than hell.

GABRIEL DUMONT
I'll just sit by the stove, ma belle.

MADELEINE DUMONT

Don't pour yourself another drink, you!

GABRIEL DUMONT

It's a blizzard, what else can I do?!

MADELEINE DUMONT

Don't you forget your mission.

GABRIEL DUMONT

How could you think I would forget?

MADELEINE DUMONT

We all must sign that petition.

GABRIEL DUMONT

You're right, I know, you bet.

MADELEINE DUMONT

So that we may preserve our ways.

GABRIEL DUMONT

Our Métis dreams for future days.

MADELEINE DUMONT

And never shall we fear.

GABRIEL DUMONT

Losing all we hold dear.

MADELEINE DUMONT

C'est dur la vie dans l'Nord. [Life's hard in the North.]

GABRIEL DUMONT

Quand on gèle dehors. [When you're freezing outside.]

MADELEINE DUMONT

Quand on gèle dehors. [When you're freezing outside.]

GABRIEL DUMONT

Oui, quand on gèle dehors … [Yes, when you're freezing outside …]

The song's finale. HOVER *returns onstage and invites the crowd to applaud.*

HOVER

Ladies and gentlemen, children of all ages! We present to you the world-famous, death-defying Master of Wild Cats: Bishop Vital Grandin!

BISHOP VITAL GRANDIN enters. He is decked out in a combination of wildcat-trainer outfit (with whip, chair, and pith helmet) and the cassock and robes of an oblate bishop. He takes centre stage and appeals for quiet from the audience.

BISHOP VITAL GRANDIN

Ladies and gentlemen, children, hush now, hush. For I must insist on absolute quiet. For your safety. And, especially, for mine. I have scoured the earth, sought out the most dangerous and feral of beasts, ladies and gentlemen and children. They can smell fear. They can taste it on the wind. They will hear it in your gasps and see it on your shocked faces. And if they do! If they do, my dear ladies. My dear gentlemen. My dear children. If they sense any fear from you ... THEY WILL ATTACK!

BISHOP VITAL GRANDIN lets that information sink in.

Ladies and gentlemen, children. Hush now, I pray you, hush. As we bring to you the savage, the feral, the uncivilized ... MÉTIS OF THE NORTH-WEST TERRITORY!

Ominous circus music. A door on the side of an enclosed wagon is flung open with great bravura and a ramp is lowered. The MÉTIS – LOUIS RIEL, GABRIEL DUMONT, and MONTANA MADELEINE – come onstage but remain silent. A pantomime number follows: BISHOP VITAL GRANDIN wants to make the MÉTIS sit "correctly." It's an absurd ballet.

BISHOP VITAL GRANDIN

You see they can't even sit properly like civilized human beings! You can see their savage nature in their eyes. The primitive, superstitious minds, brewing with violence. Their natural reaction is to resist civilization. But civilize we must!

LOUIS RIEL

Eh bien j'aimerais dire quelque chose à ce sujet ... [Well I would like to say something on that topic ...]

BISHOP VITAL GRANDIN

Before you speak, I must make sure you understand obedience.

MONTANA MADELEINE

We're here, aren't we?

BISHOP VITAL GRANDIN

That you understand order and patience.

GABRIEL DUMONT

He's insulting us!

LOUIS RIEL

We demand –

BISHOP VITAL GRANDIN

You demand! By what right? Kneel before the authority of God and bend to the authority of Government. Now bend! Kneel!

> *LOUIS RIEL, GABRIEL DUMONT, and MONTANA MADELEINE do neither.*

LOUIS RIEL

(*to BISHOP VITAL GRANDIN*) You have no authority to command me to do anything.

> *BISHOP VITAL GRANDIN, breaking character, improvises an exit but goes too far. He's interrupted:*

ONE-WOMAN BAND (*breaking character*)
Eille, le Nouveau Théâtre Expérimental, on se calme le pompon. [Hey, Mr. New Experimental Theatre, take it down a notch.]

BISHOP VITAL GRANDIN, out of character, silently thanks her and leaves.

ONE-WOMAN BAND (*breaking character*)
Okay. Time for someone with real talent to take over.

Canadian Prime Minister JOHN A. MACDONALD enters.

Onscreen:

John A. Macdonald

HOVER and other characters onstage encourage the audience to boo and throw previously distributed paper balls at the stage ... but JOHN A. MACDONALD loves being hated.

A new title appears onscreen:

Meanwhile in Ottawa

VIDEO: We are inside the office of JOHN A. MACDONALD, who seems lost in thought. NIGEL, an aide, enters.

NIGEL
Prime Minister? Prime Minister?

JOHN A. MACDONALD
Did you want something, um, –?

NIGEL
Nigel. Sir.

JOHN A. MACDONALD
Did you want something, Nigel?

NIGEL proffers a rolled-up paper.

JOHN A. MACDONALD
And what is that?

NIGEL
It's a petition, Prime Minister. From the West.

JOHN A. MACDONALD
I don't need another bloody petition, Nigel! I have eighty-two of the wretched things already!

NIGEL
Eighty-three, sir.

JOHN A. MACDONALD
But who's counting?

NIGEL
I think the Métis might be, sir.

JOHN A. MACDONALD
Riel, again?! Riel? I thought he was wandering in the wilderness!

NIGEL
The people sent for him, Prime Minister.

JOHN A. MACDONALD
The people!

> *JOHN A. MACDONALD unrolls the petition, which is impossibly long. He strides around as he reads, becoming more and more agitated, the petition dragging behind him.*

JOHN A. MACDONALD
Land Rights?! Legislature?! Rep by pop?! Is he MAD?!

> *The struggle with the interminable petition becomes ridiculous, threatening to swallow JOHN A. MACDONALD completely.*

Get it off me! Get it out of my sight!

NIGEL begins to drag away the impossibly long scroll.

JOHN A. MACDONALD
Wait!

JOHN A. MACDONALD steps on the end of the petition and walks on it towards NIGEL, reading names.

Champagne, Dumas, Nolin, Dumont ... These men are rebels, they rise again, they threaten to tear apart the very fabric of this great nation! Why, if we let these brigands have their way –

NIGEL
Brigands, sir? I think these are hunters and trappers and –

JOHN A. MACDONALD
We must send in the North-West Mounted Police, man! To quell a new and more dangerous rebellion –

NIGEL
I think it's just a petition, sir, a way to open the conversation –

JOHN A. MACDONALD
I will not negotiate with terrorists. I am sending in the troops to put a lid on this.

NIGEL
Saskatchewan is ... far, sir.

JOHN A. MACDONALD
We will ship the Mounties by train.

NIGEL
But the railway isn't finished –

JOHN A. MACDONALD
So we will finish the railway! Double time! The fate of the nation depends on it!

NIGEL
What do you want me to do with the petition, sir?

JOHN A. MACDONALD
Petition? What petition?

JOHN A. MACDONALD rolls up the petition and carries it offstage, laughing mockingly.

LOUIS RIEL comes forward onstage, close to the ONE-WOMAN BAND.

LOUIS RIEL
A sampling of verse by Louis Riel:

Sir John A. Macdonald governs with pride
The provinces of Might
And his bad faith will prolong my grief
So that his country may applaud and praise him.[1]

But
The Savage Blood in me shines:
And I praise my Elders.[2]

I face much hatred.
And those who hate me would lock me up
And burden my hands with chains.
To prevent me from serving you
My sweet country!
To prevent me from cherishing you
My beloved lady!

---

1 From the 1879 poem "Sir John A. Macdonald gouverne avec orgueil ..."
[Sir John A. Macdonald governs with pride ...]. All translations by Paula-Jean
Prudat and revised by Charles Simard for this edition. See also *Selected Poetry
of Louis Riel*, trans. Paul Savoie, ed. Glen Campbell, Picas Series (Toronto
[Aterón:to/Tkarón:to]: Exile Editions, 2000) and *The Collected Writings of
Louis Riel / Les écrits complets de Louis Riel*, vol. 4, Poetry / Poésie, ed. Glen
Campbell (Edmonton [amiskwaciy-wāskahikan ᐊᒥᐢᑿᒋᐊᐧᐢᑲᐦᐃᑲᐣ]: University
of Alberta Press, 1985).

2 From the 1874 poem "Le Sang Sauvage en moi rayonne ..." [The Savage
Blood in me shines ...].

For sustenance
I have a few fruits.
And on the hard ground
Every night
I lie out in the cold.
Sad and lonely, in the middle of the woods.

Du vent, j'entends le doux murmure.
Il me semble que c'est ta voix.
Ma douce contrée!
Il me semble que c'est ta voix.
Ma blonde adorée!
[I hear the wind's gentle whisper.
It appears as your voice.
My sweet country!
It appears as your voice.
My beloved lady!]³

A new title appears onscreen:

Two Shamans on Wood Mountain

Louis Riel Meets Lakȟóta Chief Tȟatȟáŋka Íyotake (Sitting Bull)

VIDEO: A star-filled sky.

CHIEF TȞATȞÁŊKA ÍYOTAKE (SITTING BULL)
It appears the great white Mother is treating you well.

LOUIS RIEL
In truth, it is not different from here. Life, as we know it, has changed. Your people and ours learned to live together in mutual territory. I have come to request your tenacity, Sitting Bull, your fury against the government who wishes to erase us from our Land, our country, our blood home.

---

3 From the 1873 poem "Que les gens d'armes ..." [May men-at-arms ...].

CHIEF TȞATȞÁŊKA ÍYOTAKE
My fear is that there is nothing left for us there but
slow death.

LOUIS RIEL
If you join us, Tȟatȟáŋka Íyotake, we could be unstoppable.
The Lakota would be the strongest backing, along with the
Cree and all the others; imagine! Imaginez! Ceux de l'Est
devront nous écouter! Ce sont eux qui sont fous! [Imagine!
Those in the East will have to listen to us! They are the ones
who are crazy!]

> VIDEO: *Silence and wind, the skies change from light
> to dark; we enter a time-lapse tunnel. Northern Lights
> cover the Milky Way. Stars twinkle and beam, meteors
> fall away. Time passes quickly and with hypnotic,
> rushing spectacularity over earth and sky.*

CHIEF TȞATȞÁŊKA ÍYOTAKE
I saw you would visit me, many years ago. I see too much,
Louis. You must, too. Don't you? We are the same in
that vein.

> *CHIEF TȞATȞÁŊKA ÍYOTAKE is taken over by a
> vision. Something lands on him, energetically, to help
> him reveal the words in his mouth.*

There is a place named Frog Lake. Something out of your
control will happen there – but you will be forever tied to
it. It will cause a great ripple, all of it will be felt for many
years. There is a woman, an old woman, she is hungry. She
will beg to be killed, for she will know that she is turning
into wîhtikow ᐃᐧᐦᑎᑯ, held by the cannibal spirit. Her
hunger will be her end. And the one who makes the decision
to kill the cannibal spirit inside of her will be jailed for his
part in your uprising. The truth is that death will come
to us because we fight out of love for this soil; the Land is
ours. And *they* are hungry to take it from us. They have
wîhtikow's hunger.

LOUIS RIEL

I remember as a boy, this fear of the dark, such fear of those terrible monsters, fear of starvation.

CHIEF TȞATȞÁŊKA ÍYOTAKE

You and I know wîhtikow is not superstition; it is a reality. It is very real, that power. This malignant spirit will return in the spring – that is the time they show themselves. I cannot, my people cannot go with you. It is not our time, not any longer. Go, Louis. Light a fire. Burn, cut down their cannibal Goliath. But you must mind your women's hearts. If their hearts hit the ground, it is then you who will be lost. And your own light, your nation's, will be snuffed out.

> *They stare into each other's eyes. LOUIS RIEL wants to come up with another argument, but a whistle blows to indicate that the show must go on. Change of lighting and of atmosphere – we're back to the Wild West Show! Two flags fly: a large, imposing Union Jack and a smaller, defiant flag of the Métis Provisional Government (1869 version with fleur-de-lis, harp, and shamrock).*

> *We now hear the familiar sounds of a hockey arena. Our two RING MASTERS have become RENÉ LECAVALIER and DON CHERRY, two Canadian sportscasting legends.*

RENÉ LECAVALIER

Hé bien, bonsoir, mesdames et messieurs! Ici René Lecavalier et Don Cherry en direct des Territoires du Nord-Ouest! [Well good evening, ladies and gentlemen! This is René Lecavalier and Don Cherry, live from the North-West Territories!] Good evening, ladies and gentlemen. Welcome to another night of Roller Derby here in the North-West Territories. We have an exciting match tonight.

DON CHERRY

Indeed we do, René. Indeed we do. These Métis troublemakers are looking to rile up the Indians to their side.

RENÉ LECAVALIER

They're gonna need to, with Sitting Bull sitting this one out.

DON CHERRY

Now, that had to hurt.

RENÉ LECAVALIER

Riel et Dumont are trying to give away Métis jerseys and get the Indian Chiefs to wear them.

DON CHERRY

I don't think the Indians are going to swallow that Métis "one-size-fits-all jersey" crap, René.

RENÉ LECAVALIER

You are right there, Don. That sums up what's really at stake during this very special match.

We hear the opening game siren.

VIDEO: An action-packed roller-derby match.

Eh ben, voilà, en ce moment même, Riel saute dans la mêlée et tente de faire enfiler le jersey métis aux Indiens. [Well, there you go, Riel is now jumping into the fray and he's trying to get the Indians to put on the Métis jersey.]

DON CHERRY

Riel's got to realize there's a gimongous fleur-de-lis on it. With an Irish shamrock and a ... what? A harp? Where's something for the Cree? No Indian's gonna wanna wear that. Even if it is a handout.

RENÉ LECAVALIER

Eh ben, il semble que les Indiens soient sympathiques à Riel mais pas empressés de se rallier à sa cause. [Well, it looks like the Indians are sympathetic to Riel but aren't eager to join his cause.]

DON CHERRY

Indians don't break promises, René. They signed a treaty. They'll stick to it ... (*threateningly*) if they know what's good for them.

Sounds from the match. Suddenly, a loud reaction from the crowd.

RENÉ LECAVALIER

Oh! Flûte! Hé ben ... Don! Dumont déboule tout juste dans la mêlée et varlope la face, comme dirait Schiller, d'un chef cri avec un jersey métis. Il appert qu'il tente de le lui faire ... manger, Don! Un autre chef cri s'interpose entre les deux hommes, il tente de calmer le jeu. [Oh! Fudge! My, my ... Don! Dumont bursts into the pack and double wallops, as Schiller would say, a Cree Chief in the face with a Métis jersey. It appears to me he's trying to make him ... eat it, Don! Another Cree Chief steps in between the two men and tries to calm things down.]

Another loud reaction from the crowd.

Oh! Riel just waved a Bible at them.

DON CHERRY

While I like Dumont's spunk and desire to get into the corners, it's all gone to waste with Riel's preaching.

Yet another loud reaction from the crowd.

RENÉ LECAVALIER

Oh la la, the Cree are leaving the track, Don. But wait, Dumont has put Chief One Arrow into a headlock!

DON CHERRY

That's more like it!

RENÉ LECAVALIER

Looks like Chief One Arrow is going to wear that Métis jersey after all!

DON CHERRY

He's in this now, whether he likes it or not.

RENÉ LECAVALIER

Oh, Don, I don't think that this small victory is going to let the Métis forget that they blew their chance of winning the powerful Cree Chiefs over to their side.

> *Buzzer – the match is halted. End of roller-derby video images.*

Now, ladies and gentlemen, we're going to take a short break for our sponsors.

> *VIDEO: On the side of one of the show's road cases appears the logos of all the arts councils and funding bodies involved in the show, including a flashing logo of the Canada Council for the Arts' New Chapters / Nouveau chapitre initiative.*

D'you want a one-fifty, Don? (*in advertising mode*) The one-five-zero, the one-fifty! The bitterest beer that's ever been brewed in Canada.

> *Onscreen a kiss cam appears involving two members of the audience. RENÉ LECAVALIER and DON CHERRY improvise ...*

> *Siren. We return to the match. VIDEO: Roller-derby images resume.*

RENÉ LECAVALIER

And we're back. Your analysis so far, Don?

DON CHERRY

What we've seen tonight, René, is a failure to strategize before picking a fight. Something you see in the French quite a bit.

RENÉ LECAVALIER

I'm sorry?! Don?

DON CHERRY

You know what I mean, René. You French aren't genetically
built for fighting. You don't go into the corners. You don't use
your elbows. This is a losing cause. It's game over already and
Riel there doesn't have the foresight to know it.

A pause.

RENÉ LECAVALIER

Fuck you, Don. Enough nonsense, Don! Stop the press! Don,
something is gathering over there on the horizon ... A major
storm is brewing, as Pierre Elliott Trudeau would say. A
storm that seems to be saying, "ENOUGH! Just watch me!"

DON CHERRY

It's red, it's hot, and it burns! It's Law and Order, René! I
never leave home without it!

Part 2
Duck Lake

VIDEO: The Musical Ride of the Royal Canadian Mounted Police, showcasing the equestrian skills of the RCMP's cavalry.

An abrupt change of tone and mood. A grandiose and pompous Hollywood-type musical accompaniment from the 1950s begins.

VOICE
(in the narrating style of an old documentary by the National Film Board of Canada / Office national du film du Canada) Les cavaliers et leurs montures vous souhaitent la bienvenue. The riders and the horses welcome you to the show. If you see anything you like, please feel free to applaud, the riders and the horses appreciate it. The North-West Mounted Police was established in 1873 by the Canadian government in order to bring law and order to the North-West Territories. The police's mandate was extended to include the Yukon in 1895, the Canadian Arctic Archipelago in 1903, and northern Manitoba in 1912.

What follows onstage is a brief but oh-so-spectacular and oh-so-silly choreographic parody of the RCMP's Musical Ride by some of the actors. It is interrupted by:

ONE-WOMAN BAND
Gabriel Dumont, look, there's the police! They're here to arrest you! You and Louis Riel!

GABRIEL DUMONT enters. He moves downstage and gets ready to tell us the story from memory. He does this as the battle takes place behind him.

GABRIEL DUMONT

On a sauti à ch'val t'suite. J'ai placi mes hommes su ain coteau qui donnait s'la plaine où la police aurait pu met' ses canons. [We jumped on horseback right away. I placed my men on a hill overlooking the plain where the police could have put their guns.] I had only twenty-five men on horseback and a few more on foot and there we were, waiting for the police, who were now one hundred and twenty. They had a cannon. We had a real fight on our hands. I had given the order not to shoot – Riel didn't want us to fire the first shot. I told my horsemen to climb down into the hollow to shelter themselves from the cannon. We were ready. To start off, Crozier and an English Halfbreed, who was carrying his rifle, approached two of our men: my brother, Isidore Dumont, and one of our Indians, Aseeweyin ◁ᐦ▽▽·ᐩᣉ, who wasn't carrying his weapon. The English Halfbreed reached out to shake their hands. Obviously, the Indian misunderstood his gesture and tried to wrestle the rifle out of his hands. That English Métis, I believe it was John Dougall McKay, fired a shot. (*a gunshot!*) And I'm sure that's the shot that knocked my brother Isidore off his horse, stone dead. After that, Crozier's men fired off a round (*another gunshot!*) and the Indian Aseeweyin, who was like a brother to me, was killed. That's when I yelled: "Charge!"

> *The soundscape is punctuated by war cries, rifle shots, the cries of the wounded, the sounds of horse's hooves and of feet pounding the snow.*

We fired as much as we could! I emptied all twelve rounds from my Winchester and recharged so we could continue our advance. The English, seeing all the men they'd lost, started to retreat. It was about time. Until then, their cannon had prevented my men on foot from coming down the ridge, but

Crozier's gunners had loaded the cannon with shot before putting in the powder, so it wasn't working anymore. Hah! Idiots! My men began to surround them. In order to flee, Crozier's soldiers had to cross a clearing. I got back on my horse, eager to get me a few red coats. I didn't think to keep cover, that's when a bullet hit me in the head!

VIDEO: Spurts of blood replace the Métis infinity logo.

JOSEPH DELORME

Gabriel a été tué! Tué, j'vous dis! [Gabriel was killed! Killed, I tell you!]

GABRIEL DUMONT

Kouraj! Heh! J'ai pas perdu ma tête! Chu pas mort! Continuez à tirer! On va les awers, ces maudits kapos rouges! [Take heart! Eh! I still haven't lost my head! I'm not dead yet! Keep firing! We're going to get those damn red capos!]

ÉDOUARD

Gabriel est encore avec nous aut'. À l'attaque! [Gabriel is still with us. Attack!]

LOUIS RIEL

Non! Pour l'amour de Dieu, serrez vos armes. [No! For the love of God, put away your weapons.] We've already lost five of our Métis and killed at least twelve of Crozier's men. Trop de sang a été répandu aujourd'hui. Assez, Gabriel. Assez. [Too much blood has been spilled today. Enough, Gabriel. Enough.]

Exhausted, GABRIEL DUMONT agrees.

The names of the fallen Métis are spoken as follows by MÉTIS and FIRST NATIONS WOMEN, each name punctuated by a drum beat.

MÉTIS WOMAN 1

Jean-Baptiste Montour.

FIRST NATIONS WOMAN
Aseeweyin ⊲ᑊᐁᐁᐧᐱᐤ.

MÉTIS WOMAN 2
Auguste Laframboise.

MÉTIS WOMAN 3
Joseph Montour.

MÉTIS WOMAN 4
Isidore Dumont.

> *One MÉTIS WOMAN sings a mournful song. When she finishes, MADELEINE DUMONT approaches GABRIEL DUMONT. She tenderly dresses his wound.*

MADELEINE DUMONT
This wound is not good, neecheemoose [my darling]. It's too deep. (*pausing, then suddenly angry*) You were almost killed! Don't you ever do that to me again!

> *GABRIEL DUMONT chuckles.*

GABRIEL DUMONT
Okay, okay. I won't.

> *GABRIEL DUMONT and MADELEINE DUMONT share a sad laugh.*

MADELEINE DUMONT
You were lucky, my man.

GABRIEL DUMONT
Isidore was not.

MADELEINE DUMONT
Tapwe [True] … but we won the first battle.

GABRIEL DUMONT
Five of my people dead. It's a bitter victory, Madeleine.

MADELEINE DUMONT
(*to MONTANA MADELEINE, the MÉTIS and FIRST
NATIONS WOMEN* around) Ladies! Ammunition drive.
We need lead. We need tin. We need cast iron, pewter, all
kinds of metal. Anything that can be melted down. Pots, belt
buckles, frying pans. Tea tins and nails.

MONTANA MADELEINE
Ammunition drive, ladies! Any item you can spare!

A new title appears onscreen:

Meanwhile in Winnipeg

VIDEO: A live news bulletin.

FOXY FOX NEWS
Good evening, ladies and gentlemen, my name is ... (*using
the actor's real name*)

VOICE OF THE PRESS
And I'm ... (*using the actor's real name*)

FOXY FOX NEWS
Breaking news: A battle at Duck Lake occurred on Thursday
morning between the North-West Mounted Police and
the Rebels.

VOICE OF THE PRESS
Major Crozier's Command and the Carlton Volunteers were
attacked by the Halfbreeds. A lively fight in which, (*getting
notice of additional details*) OH MY GOD! twelve men were
killed and eleven wounded by the Rebels!

FOXY FOX NEWS
A Halfbreed imprisoned by Riel has escaped. He says that
he (*getting more info*) OH MY GOD! –

VOICE OF THE PRESS
He says that Riel has a thousand armed men with him who
mean to fight! OH MY GOD!

VOICE OF THE PRESS
Battleford besieged by Indians and Halfbreeds who seize
the town. Women and children flocking to Fort Macleod
for protection from the redskins! OH MY GOD! It is feared
that the police and settlers gathered at Fort Pitt have been
massacred!!!

ALL, along with the VOICE OF THE PRESS
OH MY GOOOOOOOOOOOD!

VIDEO: End of the live news bulletin.

*We hear a few recognizable bars of music from
Survivor's 1982 hit "Eye of the Tiger" (from* Rocky III:
Original Motion Picture Score *and* Eye of the Tiger*).*

*VIDEO: Cats boxing, followed by footage from an
old-style boxing match. A wrestling or boxing ring is
installed onstage. We hear the classic clanging of a
boxing bell.*

COMMENTATOR 1
And now, folks, a sneak preview for your viewing pleasure.

COMMENTATOR 2
A pugilistic combat you don't want to miss.

COMMENTATOR 1
And I don't mean mere fisticuffs. I mean a bare-knuckle
brawl between ...

COMMENTATOR 2
Two dreams.

COMMENTATOR 1
Two visions.

COMMENTATOR 2
In the far-right corner ...

*JOHN A. MACDONALD steps into the ring. He is
monstrous, a personification of "the insolence of office."*

COMMENTATOR 1
John A. – fists of iron …

COMMENTATOR 2
Steel-driving pistons …

COMMENTATOR 1
The iron wheels of progress …

COMMENTATOR 2
The iron heel of civilization …

COMMENTATOR 1
John "Locomotive" Macdonald!

COMMENTATOR 2
And in the far-left corner …

COMMENTATOR 1
Gabriel "The Métis" Dumont …

> *GABRIEL DUMONT, proud but puny, joins JOHN A.*
> *MACDONALD in the ring. They circle one another.*

COMMENTATOR 2
Gabriel "Halfbreed" Dumont …

COMMENTATOR 1
Gabriel "The Savage" Dumont!

COMMENTATOR 2
Who will win the battle for the soul of the Great North-West?

COMMENTATOR 1
Let the trash talk begin!

> *JOHN A. MACDONALD and GABRIEL DUMONT*
> *are now nose to nose, staring each other down like*
> *professional wrestlers.*

JOHN A. MACDONALD
You peasant. You Luddite. You squatter. You fool. I pity your
faith in Riel. Quit now. Before it's too late. Peasant, I warn

you: We will civilize you – or we will exterminate you. Your choice. I'm coming for you, Dumont. I'm coming for you like cancer. I will eat you alive. You and your ilk are IN. MY. WAY.

GABRIEL DUMONT chambers a round in his favoured gun, "Le P'tchi."

GABRIEL DUMONT
Oh yeah? Well, we're ready.

JOHN A. MACDONALD
(*unimpressed by Le P'tchi*) Corporal Randy Q.!

As Corporal RANDY Q. WHITE enters, the name appears onscreen:

Corporal Randy Q. White

RANDY Q. WHITE
Yes, sir! Helllllllo! Corporal Randy Q. White ... at your service, sir!

JOHN A. MACDONALD
Show them the mighty one ...

RANDY Q. WHITE
With pleasure. Hi y'all. How you doin'? (*expecting an answer from the crowd*) I said, Hi! How y'all doin'? What I have here is ... my gun.

RANDY Q. WHITE lifts his rifle up over his head by way of a bow.

She's a Martini–Henry breech-loading single-shot rifle, so I don't have to waste my time pumping powder down her throat like I'm stuffing a turkey. I call her Victoria, 'cause now *there's* a lady with bite. I can undress and redress my Victoria in 21.4 seconds; she likes it when I oil her barrel. I can drop a fly at one thousand yards' distance. For you thicker ones in the crowd, that means I could catch the left eye off any one of you maggots. So, 'cause I'm a kind-hearted man with an aptitude for the dramatic, I figured I'd give you all a little demonstration of Victoria's zeal. Jimmy! Jimmy, get your Irish ass in here with that prairie squash! Jimmy!

> *JIMMY, another soldier, enters carrying a squash.*
> *He's timid and scared. He goes to stand in front of a*
> *huge bullseye.*

JIMMY
Crap.

RANDY Q. WHITE
Ladies and gentlemen, this here is Jimmy Fitzpatrick, rather green to the military, and honestly rather dim, but courageous enough to come out tonight and help me with this little display of military mastery. Jimmy, show some respect: greet the good people here ...

JIMMY
(*sheepishly*) Hello.

RANDY Q. WHITE
... and put that damn squash on your head!

> *JIMMY shyly waves hello, places the squash on his*
> *head, and closes his eyes.*

RANDY Q. WHITE
And now, good people, let me show you, here tonight, how we uphold order in savage lands.

> *RANDY Q. WHITE takes aim and fires. The squash*
> *on the top of JIMMY's head explodes. JIMMY yelps.*
> *RANDY Q. WHITE takes a deep bow.*

GABRIEL DUMONT
That's all? Hé ben ... Gaudry! Come on over here! The Canadians are playing vegetable bullseye!

*As GAUDRY enters, his character's name appears
on screen:*

Gaudry, Métis Hunter

GAUDRY

Tchu commence ben gros, Randy Q.? Gaudry, sa l'ai pas
besoin dj'un fusil pour abbatte une grosse courge djimème.
Sa, ça lé un job pour un bon couteau di chasse. [You're
starting off with a big one, Randy Q.? Gaudry doesn't nccd a
gun that big to put down a big squash like this one. That's a
job fit for a good hunting knife.]

GAUDRY pulls out a long hunting knife.

RANDY Q. WHITE

Gaudry! I thought you were busy picking fleas off your
horse's ass. Nice of you to stop by.

GAUDRY

Tchu me l'permet, Randy Q., di t'emprunter Jimmy pis sa
courge? Can I borrow Jimmy pis sa courge? [Randy Q., could
I borrow Jimmy and his squash from you?]

RANDY Q. WHITE

By all means, Gaudry, but if you as much as nick a hair off his
hairless Irish body ...

GAUDRY

Tank you, Randy Q. Mais t'inquiète pas, moé pi l'Jimmy, sa lé
chummy. En Jimmy? Moé pi toé, sa lé tight, tight comme une
taupe pis son trou. [Thank you, Randy Q. But don't worry,
Jimmy and me, we're good chums. Aren't we, Jimmy? You and
me, we're tight-knit, like a mole and its hole.]

JIMMY

Really?!

GAUDRY

Facque: la courge! [So: the squash!]

JIMMY places the shot-up squash on his head.
GAUDRY gets ready to throw his knife.

T'inquiète pas, p'tchi gars. Gaudry, sa l'on tout d'ben pas donné di nom a son couteau, mais sa lé précis quand même ... dis fois. [Don't worry, my boy. Gaudry didn't go so far as to christen his knife, but he's sharp-eyed nonetheless ... sometimes.]

GAUDRY throws the knife, which lands right in the
middle of the squash. JIMMY is scared stiff. RANDY
Q. WHITE goes and get something offstage, while
grumbling and complaining.

GAUDRY
That knife there, my father gave it to me. Gaudry's done everything with it. Hunting, cooking, shaving, pis les p'tits besoins médicaux ... [plus small medical needs ...]

RANDY Q. WHITE re-enters pulling a canon
on wheels.

GAUDRY
Oh, Randy Q., tchu compenses, là. [Oh, Randy Q., you're compensating!]

RANDY Q. WHITE
Let's not waste time with details. Gaudry here needs to understand where our might truly lies. Jimmy!

Trembling, JIMMY places a new squash on his head.

RANDY Q. WHITE
Goddammit Jimmy, we've done the squash bit already! We need to up the ante, where's your sense of showmanship? Get an apple!

JIMMY runs off, snivelling. He returns with an apple
and places it on his head.

RANDY Q. WHITE
There. Thank you.

RANDY Q. WHITE lights the cannon's wick:
Boom! The apple disappears. Only JIMMY remains.
RANDY Q. WHITE affectionately caresses his cannon.

GAUDRY

Eh ben, Randy, sa m'a l'air pisant ton canon. Pis pour une
little apple? Gaudry sa l'à sa Winchester. Presque pareil
au P'tchi de Dumont: une lever action .44. Jimmy, don't
be scared: Gaudry pis son fusil, sa l'a l'visou comme li
corbeau ... except only when there's wind, birds, bugs, pis
des problems with the old lady ... O, Jimmy, scuzé, Gaudry
sa l'aura dju rien djire. [Well, well, Randy, that's one cannon
you've got there. All for a small apple? Gaudry has his
Winchester. Almost the same as Dumont's Le P'tchi: a lever
action .44. Jimmy, don't be scared: Gaudry and his gun, we
can aim like the raven ... except only when there's wind,
birds, bugs, and problems with the old lady ... Oh, Jimmy,
sorry, Gaudry shouldn't have said anything.]

> *Without further ado, GAUDRY shoots and hits the*
> *apple dead centre.*

RANDY Q. WHITE

Well, Gaudry, I was hoping it wouldn't come to this ...

> *RANDY Q. WHITE exits and returns right away*
> *pulling a Gatling gun.*

So: on loan from the Connecticut National Guard, my friend,
I present you the Gatling gun!

SÉGUIN (*breaking character*)

Oh Randy ... is that a prop from the Stratford Festival?

RANDY Q. WHITE

This baby can shoot two hundred rounds a minute.

SÉGUIN (*breaking character*)

(*impressed*) Wow.

RANDY Q. WHITE

Two hundred! What d'you think of that, Gaudry?

GAUDRY

Gaudry, sa'l cé pas. Sa lé quoi? Sa lé pou faire de la saucisse
italienne? [Gaudry doesn't know. What is it for? To make
Italian sausages?]

RANDY Q. WHITE

Well then! Jimmy! Raspberry!

> *GAUDRY casually takes out a musket. JIMMY looks*
> *pleadingly at RANDY Q. WHITE and places a largish*
> *raspberry on his head.*

GAUDRY

J'en va te matcher avec un musket, sa lé pas vite, vite ... mais
sa lé pratique. [I'm going to set you up with a musket this
time. It isn't particularly quick ... but it's practical.]

RANDY Q. WHITE

Let her buck, baby!

> *RANDY Q. WHITE activates the spanner with a shout*
> *and a laugh. Then: a deafening sound. Dust flies all*
> *around. When silence returns, only JIMMY and the*
> *raspberry remain. The Gatling gun totally annihilated*
> *the bullseye.*

GAUDRY

(*shouting because he's lost his hearing*) Pas subtil. T'as toute
frappé sauf la framboise, Randy. [Not too subtle! You hit
everything except for the raspberry, Randy.]

> *RANDY Q. WHITE exits in fury.*

GAUDRY

Ousque tu vas? On fait rien que commencer! [Where are you
going? We've just started!]

> *GAUDRY exits.*

Part 3
Drums of War / Tambours et trompettes

SÉGUIN
Meanwhile, deep in the bowels of the Prime
Minister's office ...

HOVER
Shenanigans! Skulduggery!

SÉGUIN
Misdirection and obfuscation!

HOVER
Nefarious nastiness!

SÉGUIN
Cupidity!

HOVER
Stupidity!

SÉGUIN
Malevolence and depravity!

HOVER
Mischief and vice! Bait and switch! In other words ...

SÉGUIN and HOVER
Lies!

HOVER
Business as usual.

SÉGUIN
History as usual.

HOVER

Music? Take it away, ... (*calling the* ONE-WOMAN BAND *by first name*)!

ONE-WOMAN BAND *strikes the first chord. A new title appears onscreen:*

Meanwhile ... in Ottawa

ONE-WOMAN BAND *launches into "John A.'s Blues":*

ONE-WOMAN BAND (*singing*)
The CPR is busted broke again
The Syndicate needs more dough
The National Dream has run out of steam
Democracy works too slow.

To the backrooms, boys, we can work something out
The old back scratch, the old quid pro quo
This North-West Rising is a gift from the Gods
The Métis are doomed, just like the buffalo.

Enter DONALD SMITH *and* JOHN A. MACDONALD.

DONALD SMITH
John, help us help you. Five million is all we need.

JOHN A. MACDONALD
The government is skint, Mr. Smith, absolutely skint.

DONALD SMITH
The CPR can get troops to the North-West and end the rebellion.

JOHN A. MACDONALD
Parliament won't pay to finish the line. Skint, I say.

DONALD SMITH
We'll see about that. Van Horne!

VAN HORNE enters.

ONE-WOMAN BAND (*singing*)
William Van Horne, he's a steel-driving man
His engines will roar shore to shore
He'll move all your troops if you dole out the cash
Shell, shot, and famine, such good ambassadors.

VAN HORNE
I can deliver a thousand troops to Qu'Appelle, Saskatchewan,
in ten days.

JOHN A. MACDONALD
Impossible. Three months at least.

VAN HORNE
Impossible? Nothing's impossible for an American
businessman.

JOHN A. MACDONALD
(*instantly*) I bow to your expertise.

DONALD SMITH and **VAN HORNE**
Ka-ching!

JOHN A. MACDONALD
Get me General Middleton.

GENERAL MIDDLETON enters.

ONE-WOMAN BAND (*singing*)
From the Southern Cross to the Northern Lights
He murders the brown and the black
God's on his side, and the CPR too
With gold in his pockets he attacks.

*We hear a few notes from "O Canada" in the
psychedelic style of Jimi Hendrix's 1969 Woodstock
performance of "The Star-Spangled Banner."*

GENERAL MIDDLETON
General Middleton at your service, sir!

JOHN A. MACDONALD
Can you defeat these barbarians?

GENERAL MIDDLETON
I've buggered the bleeding wogs from Calcutta to New
Zealand, sir!

JOHN A. MACDONALD
You can't call them wogs, General. That kind of language is
politically unwise. Current acceptable nomenclature includes:
Halfbreeds, Squatters, Frenchies, Dogans, Papists, Mongrels,
Savages, Wagon burners. But never call them wogs.

GENERAL MIDDLETON
A bleeding wog's a bloody wog, sir!

JOHN A. MACDONALD
See Van Horne for the arrangements.

GENERAL MIDDLETON
Let slip the dogs of war!

    A train whistle.

ONE-WOMAN BAND (*singing*)
And all through the night John A. sleeps like a child
The prairie we'll happily fleece
His Redcoats will shit on renegade graves
And we'll call it a mission of peace, a mission of peace.

    Another train whistle. SÉGUIN *and* HOVER *take
    the stage.*

SÉGUIN
Great excitement throughout eastern Canada, and four
thousand troops ordered west.

HOVER
Volunteers from Goderich to Halifax under orders for active
service against the rebels.

SÉGUIN

One hundred thousand rounds of ammunition shipped from Kingston to the North-West.

HOVER

And while the Québec batteries should reach Winnipeg tomorrow night and the Queen's own are due on Sunday ...

SÉGUIN

General Middleton and his troops resume the march northward today.

HOVER

But while we're waiting, here, for your viewing pleasure ... (*to SÉGUIN*) Go see if ... (*using the ONE-WOMAN BAND's actual first name*) is ready.

SÉGUIN

Es-tu prête, ...? [Are you ready, ...?]

ONE-WOMAN BAND

Je suis prête! [I'm ready!]

SÉGUIN

(*to HOVER*) She's ready.

HOVER

Tonight, on this stage, I present to you our very own Princesses of the West! Swing those fringes, ladies!

> *MONTANA MADELEINE joins three other INDIGENOUS WOMEN onstage, dressed in full regalia. Together they form the CHORUS OF WOMEN. MONTANA MADELEINE drums while the INDIGENOUS WOMEN dance for the enjoyment of the audience. Onscreen, we read the English translation of what they are singing in nēhiyawēwin as they dance.*

CHORUS OF WOMEN

"There's been a fight at Frog Lake ... Nine dead."
"What?!"

"Keep dancing! Keep dancing! Nine white men."

"White men?"

"Tapwe [True]. Now dance, before they suspect something."

"Any of ours?"

"None."

"I hope they killed that crooked Indian Agent."

"Oh, he's dead all right. Wandering Spirit shot him in the head."

"Good. He deserved it. Food hoarding, corrupt abusive bastard."

"It's not good. They're gonna come for us now."

"Us? But we didn't have anything to do with it."

"We are so dead."

The CHORUS OF WOMEN end their number and exit quickly.

A train whistle.

LOUIS RIEL

J'ai vu le géant:	[I saw the giant:
il vient,	he comes,
il est hideux.	he's hideous.
C'est Goliath.[4]	It's Goliath.]

MONTANA MADELEINE

Dumont! Ottawa is sending four thousand soldiers. What we need are allies!

A train whistle. VOICES OF THE PRESS come onstage. A second train whistle.

---

4 Quoted from Louis Riel's "diaries and notebook" of 1885; see "Journaux et calepin: 3–195. Journal. [Batoche]. [84/09/01?]–85/05/10," entry "12 avril [1885]," in *The Collected Writings of Louis Riel / Les écrits complets de Louis Riel*, vol. 3, 5 June / juin 1884 – 16 November / novembre 1885, ed. Thomas Flanagan (Edmonton [amiskwaciy-wāskahikan ᐊᒥᐢᑲᐧᐨ ᐋᐧᐢᑲᐦᐃᑲᐣ]: University of Alberta Press, 1985), 366.

VIDEO: A montage of successive headlines from the Winnipeg Daily Times *swirl and stack one on top of the other.*

Meanwhile, MONTANA MADELEINE *goes into the audience. She tries to make allies of spectators by putting stickers with the Métis flag (the white infinity symbol on a field of blue) on them. As she's doing this, she also reacts to the headlines onscreen: many are either lies or gross exaggerations!*

First headline:

Winnipeg Daily Times
3 April 1885

VOICE OF THE PRESS 1
Is it true, sir, that all communications with Battleford were shut off because the rebels cut the telegraph wire? (*brouhaha among the* VOICES OF THE PRESS)

VOICE OF THE PRESS 2
Émilie Monnet, for *Le Droit* in Ottawa: Is there any truth to the rumours that Riel is in touch with the New York gangs to buy guns and munitions? (*brouhaha*)

Second headline:

Winnipeg Daily Times
5 April 1885

VOICE OF THE PRESS 3
Dominique Pétin, Radio-Canada: Pouvez-vous confirmer que les Sioux de la bande du Chef Bonnet Blanc répandent la terreur partout au pays? [Can you confirm that Chief Whitecap and his band of Sioux are spreading terror across the country?]

Third headline:

Winnipeg Daily Times
7 April 1885

VOICE OF THE PRESS 4
Katrine Deniset, student newspaper, Université de Saint-Boniface: Can you confirm the rumour that Indian Agent Payne has been murdered by the Assiniboine?

Fourth headline:

Winnipeg Daily Times
8 April 1885, first edition

VOICE OF THE PRESS 5
Jean Marc Dalpé, *Le Voyageur*, Sudbury, Ontario: Is there a link between all this Riel business and the Pentagon, which now says it has proof that Saddam Hussein had weapons of mass destruction? (*or similar piece of recent conspiratorial news; brouhaha among the* VOICES OF THE PRESS)

VOICE OF THE PRESS 6
Alexis Martin, Nouveau Théâtre Expérimental: Est-il vrai que des tribus de Gros Ventres ont franchi la frontière américaine pour se battre aux côtés des Métis? (*brouhaha*) [Is it true that some Gros Ventre tribes have crossed the American border to fight alongside the Métis?]

VOICE OF THE PRESS 7
Gabriel Gosselin, d'Ici Radio-Canada Manitoba: Is it true that Prince Albert will have to surrender in three weeks' time because of a lack of supplies?

Fifth headline:

Winnipeg Daily Times
8 April 1885, second edition

VOICE OF THE PRESS 8
Charles Bender, *The Beaverton*: Any truth to the rumours that the Milk River Bands will be fighting for Riel?

Sixth headline:

Winnipeg Daily Times
10 April 1885

VOICES OF THE PRESS
INDIAN MASSACRE!

We hear warning sirens and approaching helicopters. The chaos builds from here on.

VOICE OF THE PRESS 1
Fourteen or more persons murdered by bloodthirsty redskins at Frog Lake!

VOICE OF THE PRESS 2
A thousand Cree have now surrounded the barracks in Battleford!

VOICE OF THE PRESS 3
Two missionaries have been massacred by Indians among whom they were working!

VOICE OF THE PRESS 4
Saskatoon attacked and looted by the Métis rebels!

Seventh headline:

Winnipeg Daily Times
11 April 1885

VOICE OF THE PRESS 5
Battleford and Prince Albert beg the authorities to intervene immediately. The situation is critical.

The chaos peaks during what follows.

VOICES OF THE PRESS
(*together*) A MASSACRE AT FORT PITT! (*somewhat cacophonously*) A rumour is circulating that a massacre has occurred at Fort Pitt. All we know is that bad news from the North has been received at military headquarters, but the full nature of the affair has been withheld and nothing can be positively learned. It is believed that the worst has taken place along the north branch of the Saskatchewan River where the Cree Indians, incited by the Halfbreeds, have massacred and plundered the white settlers!

MONTANA MADELEINE
Lalalalalalalalalalalalalalalala!

A sudden stop. Silence.

In full regalia, an INDIGENOUS DANCER comes onstage and performs.

In each city where the show was presented, an Indigenous dancer was hired to perform a pre-intermission performance. Above is the dancer Josée Bourgeois, a member of the Algonquin First Nation of Pikwàkanagàn. (Photo: Jonathan Lorange / National Arts Centre)

Dans chaque ville où le spectacle a été présenté, un·e fancy dancer autochtone a été embauché·e pour réaliser une performance avant l'entracte. Ici, il s'agit de Josée Bourgeois, membre de la Première Nation des Algonquins de Pikwàkanagàn. (Crédit : Jonathan Lorange / Centre national des Arts)

ACT 3

MARCH TO NOVEMBER 1885

HOVER and SÉGUIN enter.

HOVER
(*speaking nēhiyawēwin*) āti miyōskamin ēkwa ōta kā paskwāk! ᐋᑎ ᒥᔫᐢᑲᒥᐣ ᐁᑲᐧ ᐆᑕ ᑳ ᐸᐢᑳᐧᐠ!

SÉGUIN
(*translating roughly*) Spring on the Prairies! Hallelujah!

HOVER
kōna ēkwa tihkisōw pētakopimihāwak peyisīsak! ᑰᓇ ᐁᑲᐧ ᑎᐦᑭᓲᐤ ᐯᑕᑯᐱᒥᐦᐋᐊᐧᐠ ᐯᔨᓰᓴᐠ!

SÉGUIN
The snow disappears, the birds return. Hosanna!

HOVER
kāwi ēkwa pokīkway mācipayin, okimāw askīy ohci, ēkwa okihcitā iyiniwak mina! ᑳᐃᐧ ᐁᑲᐧ ᐳᑮᑲᐧᕀ ᒫᒋᐸᔨᐣ, ᐅᑭᒫᐤ ᐊᐢᑮᕀ ᐅᐦᒋ, ᐁᑲᐧ ᐅᑭᐦᒋᑖ ᐃᔨᓂᐊᐧᐠ ᒥᓇ! [Things are starting up again for the Chief's land and the warriors too!]

SÉGUIN
(*addressing by first name the actor playing* HOVER) Astonishingly fluent, ... (*back in character*) It's a time of rebirth, for Mother Nature as well as for homegrown heroes.

A new title appears onscreen:

Part 1

The Storm Gathers / L'orage approche

LOUIS RIEL arrives on a self-balancing scooter, wearing a buffalo head and waving a Métis flag. We hear chanting: something celestial and mystical. PRIESTS in liturgical garb enter after him.

LOUIS RIEL

Je vais entrer dans leur église et me soumettre à leur examen, et ils entendront alors ma parole! [I will go inside their church and submit to their examination, and then they will hear my words!] God is on my side!

PRIESTS

Blasphemy!

LOUIS RIEL

God. Is on. My side!

PRIESTS

Blasphemy!

GABRIEL DUMONT intervenes.

GABRIEL DUMONT

(*speaking nēhiyawēwin*) awas ōta! ◁◁·ⁿ ▷Ϲ! [Go away right now!]

PRIESTS leave, hissing like cats as they exit.

GABRIEL DUMONT

(*to LOUIS RIEL*) This is not who you are.

LOUIS RIEL

This is how they want to see me. Then this is how I am. A prophet. A blasphemer. They will hear my words. Ils doivent entendre ma parole! [They must hear my words!]

GABRIEL DUMONT

They will hear my bullets first.

LOUIS RIEL

Ma parole, Gabriel. The reason you came for me. Ce dont tu avais besoin. Ma parole. [What you needed. My words.] That's all we really have to defeat these Canadians and create our homeland.

GABRIEL DUMONT

I am a hunter. A soldier.

LOUIS RIEL

You are a general. Show them how serious we are.

GABRIEL DUMONT

They will regret their arrogance.

LOUIS RIEL

Do not be hateful, Gabriel. At some point, we must negotiate with this new nation. This "Canada."

Musical transition. We are now on the set of the quiz show Li Villaazh *(The village). The participants are having their makeup refreshed.*

HOVER (*as Stage Manager*)

We are back in ten ...

VIDEO: Li Villaazh's *opening credits.*

... nine, eight, seven, six, five, four ...

HOVER counts down the last three seconds with his fingers and then points to the GAMESHOW HOST. Musical jingle, lighting effects, then applause. LOUIS RIEL and GABRIEL DUMONT stand on each side of the GAMESHOW HOST.

GAMESHOW HOST

Welcome, folks! Good to see you back here in –

ALL

Li Villaazh!

GAMESHOW HOST

Oui! *Li Villaazh!* We're still here with Gabriel and Louis, who will be facing off in the final round of our game. And how are we doing, gentlemen?

No reaction.

Great to hear it. Before going any further ... Herménégilde! Tell us what Louis and Gabriel are playing for.

SÉGUIN (*as HERMÉNÉGILDE*)
Yes, indeed! Tonight's winner will take home this spectacular two-storey hewn-log house.

VIDEO: *The hewn-log house.*

As you can see, the living room is extremely spacious. The ideal room to welcome family and friends for evenings of music and dance. It can hold a full-size pool table and even accommodate the entire village, should you want to form a provisional government or organize armed resistance. This magnificent house sits on a double riverside lot with a spectacular view of the South Saskatchewan River.

GAMESHOW HOST
Thank you, Herménégilde. Are you ready for the lightning round, gentlemen? Yes, you are, so let's begin: What is the name of the general in charge of the Canadian militia?

Buzzer – GABRIEL DUMONT's.

GAMESHOW HOST
Gabriel!

GABRIEL DUMONT
Frederick Dobson Middleton.

GAMESHOW HOST
Good for one point. What means of transportation did the Canadian militia use to get out west?

Buzzer – GABRIEL DUMONT's. LOUIS RIEL's *buzzer doesn't seem to be working.*

GAMESHOW HOST
Gabriel!

GABRIEL DUMONT
The train.

GAMESHOW HOST
Right answer!

LOUIS RIEL

Je connaissais la réponse, … (*addressing by first name the actor playing* GABRIEL DUMONT) [I knew the answer, …]

GAMESHOW HOST

The Latin name for the Provisional Métis Government was …?

Buzzer – GABRIEL DUMONT's.

GAMESHOW HOST

You're fast on the buzzer there, Gabriel. Your answer?

GABRIEL DUMONT

Exovedate.

GAMESHOW HOST

Good for a point.

LOUIS RIEL

I'm sorry, but my buzzer doesn't seem to be working. I know the answer. I'm the one who came up with the name, by the way.

GABRIEL DUMONT

D'ya want the point then, Louis?

LOUIS RIEL

Je veux juste me faire entendre. [I only wish to be heard.]

GAMESHOW HOST

Louis, would you please press your buzzer.

LOUIS RIEL does so and we hear his buzzer for the first time.

GAMESHOW HOST

Everything seems to be working just fine. Next question: Among Middleton's men, there was a regiment of the Royal Winnipeg …?

GABRIEL DUMONT looks at LOUIS RIEL, and then moves his hand towards his buzzer, but in slow motion

in order to give LOUIS RIEL the time to press his own
buzzer. LOUIS RIEL presses his buzzer.

HOST
Louis!

LOUIS RIEL
The Royal Winnipeg Ballet!

A loud, unpleasant sound – wrong answer.

GAMESHOW HOST
Gabriel?

GABRIEL DUMONT
The Royal Winnipeg Rifles. The dirty dogs.

GAMESHOW HOST
That's the right answer! The most feared weapon during the
fighting ...?

Buzzer – GABRIEL DUMONT's.

GAMESHOW HOST
Gabriel!

GABRIEL DUMONT
The Gatling gun!

GAMESHOW HOST
That's the correct answer.

LOUIS RIEL
No, it is not. It's the Wrath of God, for Heaven's sake!

GAMESHOW HOST
I'm sorry, Louis, but it says right here on my card ...

LOUIS RIEL
But I must insist. THE WRATH OF GOD! Dieu, le Tout-
Puissant. [God, the Almighty.]

GAMESHOW HOST

(*getting new information*) Fine. The judges are indicating that the Power of God is, in fact, more important than the Gatling gun. I'm sorry, Gabriel.

GABRIEL DUMONT

Well, I hope it is, too, and that He's fighting on our side.

A new musical jingle for the game's final round.

GAMESHOW HOST

And now ... time for the final round! Here's the situation: Middleton's army is at Clark's Crossing, a little more than fifty miles from Batoche. Your scouts tell you that his army now numbers close to one thousand men, including cavalry and gunners. When they hear this, some of your men desert. You now find yourself with a little over two hundred armed fighters, and that includes boys and old men. So ... Louis! Gabriel! What is your strategy to save ...?

The music stops. The GAMESHOW HOST requests his audience's response:

ALL

Li Villaazh!

GAMESHOW HOST

Gabriel, since this is your first time playing the game, you get to be the first to speak. Thirty seconds, starting now!

Final-round jingle. After a prolonged and tense silence:

GAMESHOW HOST

Gabriel, the clock is ticking.

GABRIEL DUMONT

Well ... me, I'd take twenty men with me. We'd destroy the railroad and cut off their supplies. Then we'd go around the Canadians' camp and bother them all night long. After a couple of nights of stopping them from sleeping and scaring

them real good, they'd start fightin' among themselves.
Marchi. Thank you.

LOUIS RIEL

If we employ the guerrilla tactics Gabriel is suggesting, we
will be the aggressors. Moreover, I fear that by attacking at
night, our men risk wounding, perhaps mortally, our French
Canadian "friends" in the ranks of Middleton's army ...

GABRIEL DUMONT

The French Canadians, once they get a paycheque, are the
same as the other "Canadians" in Middleton's army! No
difference! A gun's a gun!

> MONTANA MADELEINE *rushes into the studio.*

MONTANA MADELEINE

Dumont! Middleton's army is getting ready to move. He's
divided his troops in two, him. Half are on the north bank of
the river and the other on the south. The troops on the south
bank are about to move. They're going to set up camp at
McIntosh's farm just south of the Tourond place.

GABRIEL DUMONT

Maudjit! Goddamn!

> GABRIEL DUMONT *looks over at* LOUIS RIEL.
> *Another tense moment.*

LOUIS RIEL

Très bien. Fais comme tu veux. [Very well. Do as you like.]
I'll pray for you.

> GABRIEL DUMONT *leaves, followed by the others.*

Part 2
Blood and Tears / Du sang et des larmes

*Dramatic music. Enter MONTANA MADELEINE,
VIRGINIE FISHER (pregnant), CHRISTINE PILON,
and MADELEINE DUMONT.*

MONTANA MADELEINE
Ladies and gentlemen! Hold on to your seats. There is
trouble at Fish Creek. Can you smell the battle fever? The air
is pregnant with it. The Canadian soldiers are only thirteen
miles away from me here in Batoche.

VIRGINIE FISHER
The damn redcoats are camped outside my mother-in-law's
farm, madame Tourond.

CHRISTINE PILON
They're not even a mile away. She says she's not leaving, she's
staying put.

MONTANA MADELEINE
If I were a redcoat, me, I'd be afraid. Madame Tourond is one
fearsome woman.

ALL
Oh que oui. [Yes, indeed.]

A brief laugh.

MONTANA MADELEINE
Have we got any more metal for another batch of bullets?

They look at each other.

CHRISTINE PILON
Y reste pu' de plomb. [There's no more lead.]

MADELEINE DUMONT

Y'en a pu une maudite bit! [Not one darn bit!]

MONTANA MADELEINE

Have we gone through everything?! Even the silverware?

VIRGINIE FISHER

All I have left is my wedding ring.

MONTANA MADELEINE

Keep your rings. Gold is too soft. We need harder metals.

VIRGINIE FISHER

If only we could hunt.

CHRISTINE PILON

Yeah ... me, I burn with rage when I think of those children
starving! The weight of my rage is like this cast-iron pan.
Heavy and hot. It's crushing my heart.

MONTANA MADELEINE

Nothing can crush that heart, Christine. Breathe.

CHRISTINE PILON

(*breathing deeply*) Oui ... je respire ... [Yes ... I'm
breathing ...]

They all take a deep breath.

VIRGINIE FISHER

Ouais ... je respire ... [Yep ... I'm breathing ...]

ALL

On respire, ouais ... [We're breathing, yeah ...]

MADELEINE DUMONT

Ouais ... on respire en attendant que nos dernières balles
durcissent. On attend ... [Yeah ... we're breathing while our
last bullets harden. We're waiting ...]

VIRGINIE FISHER

On attend ... [We're waiting ...]

MONTANA MADELEINE

For Louis to come ...

CHRISTINE PILON

Qu'on nous dise enfin ce qu'il a de planifié! [So that they finally tell us what he's got planned!]

MADELEINE DUMONT

On attend que les soldats attaquent ... [We're waiting for the soldiers to attack ...]

VIRGINIE FISHER

Que le petit naisse ... [For the little one to be born ...]

MADELEINE DUMONT

Que toute ça finisse, enfin ... [For all this to end, at last ...]

ALL

On est écœurées. Écœurées d'attendre ... [We're fed up. Fed up with waiting ...]

VIRGINIE FISHER

(*showing the others one particular bullet*) This one ... This bullet is for that Middleton. May it go straight through his cold, Orange heart. Amen.

ALL

Amen.

> *MONTANA MADELEINE, VIRGINIE FISHER, CHRISTINE PILON, and MADELEINE DUMONT hurriedly leave the stage during the following.*
>
> *Cold, grey weather. Off in the distance, we hear gunshots, horses neighing, men yelling in Michif, Canadian officers giving orders, cannons being shot. All these sounds swell before calming down.*
>
> *A few last gunshots. A house burns somewhere in the night.*
>
> *Transition to candlelight dinner music.*

VIDEO: A battlefield.

GENERAL MIDDLETON is eating an enormous steak and bannock. His (obviously anachronistic) cellphone rings: it's the very recognizable British anthem, "God Save the Queen."

GENERAL MIDDLETON
Hello?

JOHN A. MACDONALD
Middleton, ole boy. How goes it?

GENERAL MIDDLETON
Mr. Macdonald. What an honour.

JOHN A. MACDONALD
Yes, I know. I wanted to give you the ole ring-a-ding, see how things were going.

GENERAL MIDDLETON
Well, I'm fine, although the weather is quite dreadful. Thank you, sir, for inquiring.

JOHN A. MACDONALD
I don't give a damn about the weather, Middleton. Tell me about the battle, man! Did you squash those filthy Halfbreeds?

GENERAL MIDDLETON
Yes! The battle was … it was fought, sir. Our boys showed tremendous courage out there today. I'm very proud of them.

JOHN A. MACDONALD
Good. So we won. I knew you would, my friend.

GENERAL MIDDLETON
Well … "won" wouldn't be the correct term. Definitely a hard-fought battle, sir.

JOHN A. MACDONALD

They were a large number. Dumont must've gotten the Injuns on their side ...

GENERAL MIDDLETON

Oh, a few ... I'd say there was at least sixty individuals in total.

JOHN A. MACDONALD

Frederick, are you telling me you and your eight hundred men couldn't win against sixty puny Halfbreeds?

GENERAL MIDDLETON

They had very good cover, sir, and a good shot despite their antique firearms. We may not have won, but most importantly, we did not lose.

JOHN A. MACDONALD

Dammit. Any casualties?

GENERAL MIDDLETON

Ten dead sir, and forty-one wounded.

JOHN A. MACDONALD

And for the Halfbreeds? How many did you kill?

GENERAL MIDDLETON

Well, we found ... five dead, sir.

JOHN A. MACDONALD

Five. FIVE?! You killed FIVE HALFBREEDS? DAMMIT, MIDDLETON!

GENERAL MIDDLETON

And about fifty of their horses!

JOHN A. MACDONALD

HORSES?!

GENERAL MIDDLETON

Sir, they are a feisty lot, these Métis. But if you could spare any extra troops, it would most definitely speed things up.

JOHN A. MACDONALD has hung up.

GENERAL MIDDLETON
Sir? Goddammit. (*towards the sidelines*) Soldier!

A young SOLDIER, with a strong French Canadian accent, comes in.

SOLDIER
Yes, mon Général.

GENERAL MIDDLETON
You're from Québec, you speak their language.

SOLDIER
No, sir. I speak français. Dese sauvages, dey speak a dirty bastard français.

GENERAL MIDDLETON
Yes, but you could make out their gibberish now, couldn't you? See if you can hack your way into the local networks and pick up any transmissions coming from the area. Perhaps we can figure what these rebels are up to.

As MADAME TOUROND comes onstage, her name appears onscreen:

Madame Tourond

MADAME TOUROND
Toé, mon maudjit, miiyin c'qu'é t'à moé. Oota, dipayhtayn la tayr. Toute partchii. [You asshole, what's mine is mine. All of this, the land I own. All gone.]

GENERAL MIDDLETON
(*fearfully*) What does she want?

SOLDIER
Je sais pas pantoute, monsieur. [No clue, sir.]

MADAME TOUROND

Ma farm, les bêtes. Toé pis tes kapos, sa l'a tout pris.
Astheure, miiyin mon chim de zhvaal pis mon carosse.
Donne-lé. [My farm, my animals. You and your thugs, you
took everything. Now my herd of horses and my carriage.
Give it back!]

SOLDIER

I tink, she want her horsees back and da cart.

MADAME TOUROND

La Maamaa, malaad. Donne-lé!! [My mother, sick. Give
her back!]

GENERAL MIDDLETON

By God man, fetch her horse and carriage. Now!

SOLDIER

On va vous chercher vot' char, madame. [We're fetching your
carriage, madam.]

> *The* SOLDIER *exits.* MADAME TOUROND *finds
> herself face to face with* GENERAL MIDDLETON.
> *They both look down at Middleton's steak, which is
> half-eaten.*

MADAME TOUROND

Is good?

GENERAL MIDDLETON

Beg your pardon?

MADAME TOUROND

My cow. My dead cow. Is good?

> MADAME TOUROND *leaves.*

GENERAL MIDDLETON

A bleeding wog's a bloody wog.

> GENERAL MIDDLETON *exits.*

A new title appears onscreen:

15 Days Later
Batoche – The Defeat

Sounds of battle start up again. MONTANA MADELEINE enters, followed by CHRISTINE PILON, MADELEINE DUMONT, and VIRGINIE FISHER (pregnant).

MONTANA MADELEINE

Ladies and gentlemen. It has begun! The soldiers, they have arrived in Batoche. They use cruel tactics, them. Many of our houses have been burned to the ground. The women and children have scattered and we are ...

Gunshots.

Stay down. I almost got my head blown off, me.

CHRISTINE PILON

Chut! Chut! Les chiens! [Hush! Hush! The dogs!]

MADELEINE DUMONT

Ils sont très proches. C'est peut-être pas une bonne cachette, Montana. [They're very close. This might not be a good hiding place, Montana.]

MONTANA MADELEINE

We can make it to the treeline, no? It's another three hundred yards.

VIRGINE FISHER

I can't run anymore.

CHRISTINE PILON

I'll stay with her. You go ahead with my baby.

MADELEINE DUMONT

Non! On reste ici, toutes ensemble ... [No! We stay here, all together ...]

MONTANA MADELEINE

We should wait till nightfall, anyway.

MADELEINE DUMONT

Chut, chut. [Hush, hush.]

> *MONTANA MADELEINE, CHRISTINE PILON, MADELEINE DUMONT, and VIRGINIE FISHER try to muffle the sounds. A shot rings out and the baby cries, the dogs bark.*

CHRISTINE PILON, MADELEINE DUMONT, and MONTANA MADELEINE

Shhhh! Please! Quiet!

> *Brief pause.*

MONTANA MADELEINE

(*to the audience*) You are about to see scenes of great courage and cowardice. niwahkōmākanitik ᓂᐊᐧᐦᑰᒫᑲᓂᑎᐠ [My relatives, my relations], may the heroic actions of my people wake you up to the injustice of our times, to the systemic racism built into the founding Canadian ...

> *She is interrupted by HISTORIAN #1, who pops out of one of the show's road cases.*

HISTORIAN #1

Enough! Cease and desist! (*towards the sound booth*) Enough of these sound effects. (*back to the audience*) I've heard enough and I must put a stop to this travesty! Ladies and gentlemen. Mesdames et messieurs. EVERYTHING, absolutely EVERYTHING you have just seen during this show is a gross manipulation of History!

> *The actor playing VIRGINIE FISHER takes off a pregnant-woman costume. She goes over to the HISTORIAN #1's side and takes on the contrasting role of HISTORIAN #2.*

ONE-WOMAN BAND (*breaking character*)
(*reproachfully saying the first name of the actor playing*
HISTORIAN #2) …!

HISTORIAN #2
A hoax, a fraud, a deceit concocted by people who want
to undermine the very fundaments of this beautiful
nation of ours.

HISTORIAN #1
And we categorically refuse to let them continue, because
now they are about to launch into a systematic denigration
of our glorious Canadian Armed Forces. And we cannot let
that happen!

> *CHRISTINE PILON, MADELEINE DUMONT, and*
> *MONTANA MADELEINE protest. They begin to move*
> *on HISTORIAN #1 and #2 as though they're going to try*
> *to force them offstage, but HISTORIAN #1 uses a whistle*
> *to call reinforcements. TWO SOLDIERS join him.*

HISTORIAN #1
Kick 'em out, lads. Kick those bloody papists out!

> *The TWO SOLDIERS clear the stage. But CHRISTINE*
> *PILON, MADELEINE DUMONT, and MONTANA*
> *MADELEINE can still be seen off in the wings. One of the*
> *SOLDIERS hands a remote control to HISTORIAN #1,*
> *who takes over the role of principal narrator. He starts by*
> *changing the overhead title using the remote.*

Now onscreen:

Batoche – A Grand Victory for a New Nation!

HISTORIAN #1
Ladies and gentlemen, mesdames et messieurs. Now I am
about to tell you the *true* story of the events that took place
in the spring of 1885 in and around Batoche, Saskatchewan,

where those we would today call "religious fanatics" and "terrorists" hid themselves.

HISTORIAN #2
After a short pause following the unimportant skirmish at Fish Creek ...

FRENCH CANADIAN SOLDIER
Where the Métis beat the shit out of us ...

HISTORIAN #2
... a pause which allowed for the arrival of North-West Mounted Police reinforcements, General Middleton ordered his troops to advance towards Batoche on May 7th. En route, and in order to protect private property in the area, they took advantage of the march and seized all the houses, outbuildings, and livestock in the area.

CHRISTINE PILON
They took advantage?! You can say that again! In order to pillage and steal from us, you mean.

> HISTORIAN #1 *blows his whistle again to make*
> CHRISTINE PILON, MADELEINE DUMONT,
> *and* MONTANA MADELEINE *shut up. The* TWO
> SOLDIERS *take a threatening pose. Defiantly,*
> CHRISTINE PILON, MADELEINE DUMONT, *and*
> MONTANA MADELEINE *stand up to them, at*
> *least for now.*

HISTORIAN #1
And there you have it, ladies and gentlemen, a prime example of historical revisionism by those socio-politico-artistic, tree-hugging, guitar-strumming, agitprop lefties!

> CHRISTINE PILON, MADELEINE DUMONT, *and*
> MONTANA MADELEINE *protest.*

HISTORIAN #2
But their dishonest manipulation of history isn't limited to details or peripheral events. Oh no, ladies and gentlemen!

They rewrite the entire event. What they want you to believe ...

New title:

The Brave Métis Hold Out against a Superior Military Force

Whereas, ladies and gentlemen, the truth is much more along these lines ...

New title:

Middleton's Brilliant Strategy Causes Traitorous Rebels to Run Out of Ammunition!

CHRISTINE PILON, MADELEINE DUMONT, and MONTANA MADELEINE are insulted by this. They burst out laughing at such blatant bad faith coming from the Orangemen! HISTORIANS #1 and #2 start to move quite aggressively towards the women, but stop when the following title appears onscreen:

Orange Lodge Meeting in Mess Hall, All Orangemen Must Attend

VOICE
Orange Lodge meeting in the mess hall. All Orangemen must attend. I repeat: All Orangemen must attend.

HISTORIANS #1 and #2 were about to continue, but they leave hurriedly instead.

A new title appears onscreen:

Batoche
12 May 1885, 2:45 p.m.

JOSEPH OUELLETTE comes onstage.

JOSEPH OUELLETTE
J'as mon premier fusil à huit ans. Kishkayhtum à tirer avant j'as appris à marcher! Ça va faire quasiment cent ans de shash. Marsi au Bon Yeu pour toutes lis zanimoo. Aashahkaye ma famille, pis me défendre. [I got my first rifle at eight years old. I learned how to shoot before I learned how to walk! That's almost a hundred years ago. Thank you to the Lord for all the animals. For feeding my family and allowing me to defend myself.]

GABRIEL DUMONT
Venez-vous, son père? [Are you coming, Pops?]

JOSEPH OUELLETTE
Aey, zhenn nom! J'cré ben que j'va tirer encore deux ou trois Anglais avant de partir d'icitte! [Hey, young man! I think I'll shoot two or three English more before I leave this place!]

A new title appears onscreen:

Joseph Ouellette, 93

JOSEPH OUELLETTE shoots one last shot from his old rifle. He searches for more ammunition but doesn't find any. He is met by an armed ONTARIAN SOLDIER. JOSEPH OUELLETTE receives a bayonet in the stomach. He holds on to it, preventing the ONTARIAN SOLDIER from pulling it out.

JOSEPH OUELLETTE
T'es qui toé qui me tues? [Who are you who kills me?]

ONTARIAN SOLDIER
Er. Sorry?

JOSEPH OUELLETTE
Moé, ma mère était Saulteaux, pis mon père, un Canayen né à l'ombre du mont Royal. Toé? T'es qui toé pour me tuer? [Me, my mother was a Saulteaux, and my father was a

Canayen, born at the foot of Mount Royal. You? Who are you who kills me?]

ONTARIAN SOLDIER
Er. English?

> *JOSEPH OUELLETTE takes one last, big breath of air and...*

JOSEPH OUELLETTE
J'ai quatre-vingt-treize ans, etchiboy, pis j'te demande: [I'm ninety-three years old, my boy, and I ask you:] Who da hell are ...?

> *But JOSEPH OUELLETTE dies before finishing his sentence. Slowly and carefully, the ONTARIAN SOLDIER pulls the bayonet out of JOSEPH OUELLETTE's body, which falls roughly on to the ground. The ONTARIAN SOLDIER is genuinely horrified at what has just happened.*

ONTARIAN SOLDIER
Oh shit. Sorry. Sorry, mister.

HISTORIAN #1
Hip, hip, hip ...! (*no response*)
Hip, hip, hip ...! (*still no response*)

> *Lighting change.*

ONE-WOMAN BAND (*singing*)
C'est en plein cœur du mois de mai
   [It was in the heart of May]
Sur la rivière Saskatchewan
   [On the Saskatchewan River]
Que li gens libres les Bois-Brûlés
   [That the Bois-Brûlés free people]
Pour se défendre ont pris les armes
   [Took up arms to defend themselves]

En plein cœur de mai quand tout fleurit

[In the heart of May when everything is blooming]
Aux abords d'la Saskatchewan
  [On the banks of the Saskatchewan]
Sang rouge métis tache la Prairie
  [Red Métis blood stains the prairie]
Où d'vait pousser foin, blé, avoine
  [Where hay, wheat, oats were to grow]

En plein cœur de mai cent ans plus tard
  [In the heart of May, one hundred years later]
Du sang versé par les Goddamns
  [Blood shed by the Goddamns]
Moi l'Métis m'en souviens encore
  [I, the Métis, still remember]
Aux abords d'la Saskatchewan
  [On the banks of the Saskatchewan]

> *VIDEO: A historic photograph of a dead Métis man
> from that day.*

Aux abords d'la Saskatchewan
  [On the banks of the Saskatchewan]
En plein cœur de mai on prit nos armes
  [In the heart of May we took up arms]
On s'est battus cont' les Goddamns
  [We fought against the Goddamns]
Sur la rivière Saskatchewan.
  [On the Saskatchewan River.]

> *After a short silence, we hear a very long, very loud
> train whistle. Now nothing can prevent its arrival and
> its progress.*

Part 3
From Defeat to Rebirth / Renaissance

Near dark. A coulee outside Batoche. Two men
confront each other in the failing light. One raises his
rifle, preparing to shoot. LOUIS RIEL and GABRIEL
DUMONT then recognize each other. A pause.

LOUIS RIEL
  It's good you survived.

GABRIEL DUMONT
  Many haven't.

LOUIS RIEL
  You should have known, Gabriel, that when we took up arms
  there was a chance we would lose.[5]

GABRIEL DUMONT
  A gamble I had to take.

LOUIS RIEL
  Vraiment? [Really?]

GABRIEL DUMONT
  Your prayers failed us.

LOUIS RIEL
  History is long and God is patient.

GABRIEL DUMONT
  You think so? Despite the bodies of our men rotting in
  the gun pits?

LOUIS RIEL
  The soldiers are close. Va chez nos amis. Traverse la

---

5   Quoted from Frederick G. Walsh, *The Trial of Louis Riel* (Fargo, ND:
North Dakota Institute for Regional Studies, 1965), 72.

frontière au Montana. [Go to our friends. Cross the border in Montana.]

GABRIEL DUMONT

You want me to run like a coward, like some coyote?

LOUIS RIEL

Tu es le grand chef de la chasse. Tu es le messager. [You are the great leader of the hunt. You are the messenger.]

GABRIEL DUMONT

And what is my message? "Praise the Lord, we lost"?

LOUIS RIEL

Only in our lifetime.

GABRIEL DUMONT

(*after a pause*) Then we go together.

LOUIS RIEL

Non.

GABRIEL DUMONT

They'll kill you.

LOUIS RIEL

I'm the one they want, and when my enemies have me they will be overjoyed: but my people will be at peace and they will get justice.[6]

GABRIEL DUMONT

A martyr.

LOUIS RIEL

La volonté de Dieu. [God's will.]

GABRIEL DUMONT

Faith again.

---

6 Quoted from Sharon Stewart, *Louis Riel: Firebrand*, Quest Biography series (Toronto [Aterón:to/Tkarón:to]: Dundurn Press, 2007), 135.

LOUIS RIEL

T'es surpris? [You're surprised?] (*pause*) Your head.
Still bleeding.

GABRIEL DUMONT

I have the skull of a buffalo.

GABRIEL DUMONT shakes his head.

Were we crazy, Louis?

LOUIS RIEL

Patience, Gabriel. And cunning.

GABRIEL DUMONT

(*after a pause*) J'vais revenir te chercher. [I'll come
back for you.]

LOUIS RIEL

Déguerpis. Les Canadiens sont tout près. Mon frère. Mon fils.
[Run. The Canadians are very close. My brother. My son.]

*LOUIS RIEL and GABRIEL DUMONT have stopped
moving. Both seem like wax statues. HOVER and
SÉGUIN enter.*

SÉGUIN

I know what you're all thinking …

HOVER

How do we follow the Battle of Batoche without you
checking your watches?

SÉGUIN

A rope trick won't do.

HOVER

A yodelling cowboy won't cut it.

SÉGUIN

Gentlemen, ladies … there is only one way to pull off a really
successful ending to our play! AND … what could be better
than a good old-fashioned lynching?

HOVER
Hit it, boys!

*NEWSIES 1, 2, 3, and 4 enter and holler headlines
of the day.*

NEWSIE 1
"Riel Captured! Rebellion Crushed!"

NEWSIE 2
"Dumont Arrested!"

NEWSIE 3
"Riel's Lieutenant Was Arrested Last Wednesday on the
American Side of the Border."

NEWSIE 4
"Dumont Released from Jail by the American Authorities!"

Onscreen:

Somewhere in Montana

*BUFFALO BILL enters. His name and function
appears onscreen:*

Buffalo Bill Cody, Producer

BUFFALO BILL
I'm not the kind of man who begs, sir. I am offering you a
lead role in *Buffalo Bill's Wild West* show. I got braves, I got
squaws, I got stagecoach robberies 'n buffalo wrasslers. I got
Annie Oakley and I even got the great Sitting Bull on the
bill, all kinds of hullabaloo for our highfalutin' friends on
the Eastern Seaboard. What I *need* is *you*: a bona fide prairie
revolutionary. Whaddya say?

GABRIEL DUMONT
I'm not an actor.

BUFFALO BILL

Good. I want you to do what you do best: Shoot the eyeball out of a turkey vulture at three hundred yards and ride your horse like you were born with fetlocks. You can shoot the eyeball out of a turkey vulture at three hundred paces, can't you?

GABRIEL DUMONT shoots. A turkey vulture falls out of the sky.

BUFFALO BILL

Hot damn, sir, hot diggity damn. You'll thrill the petticoats off those Easterners – and earn yourself a saddlebag o' gold.

GABRIEL DUMONT

I still have business in the North-West.

BUFFALO BILL

Canada's a small-calibre outfit, Mr. Dumont, just a derringer in some wallflower's purse. In America we got that big iron on our hip. Fame, Mr. Dumont, is what I'm talking about and you won't find fame in Canada. Those frostbitten Inuit will forget you like a hophead forgets his kin. Whaddya say? Join *Buffalo Bill's Wild West* show and I'll make you a star. The whole world will learn of the proud Métis, how they stomped and wheeled on this earth, each of 'em immortal as brave Ulysses. All aboard, Mr. Dumont! We leave for New York City tonight.

GABRIEL DUMONT

(*to the audience*) Show business. Jesus Christ.

BUFFALO BILL and GABRIEL DUMONT exit.

A new title appears onscreen:

Endgame / Fin de partie Ottawa

JOHN A. MACDONALD and DONALD SMITH enter.

JOHN A. MACDONALD
You saved the country, Mr. Smith. You and the CPR. You saved Canada from the Halfbreeds, you saved it from the American expansionists, you saved it from the Liberal Party. We are in your debt.

DONALD SMITH
Yes, you are. Now pay up. Today you owe us $852,331 and thirty-two cents.

JOHN A. MACDONALD
But didn't you do your duty as patriots?

DONALD SMITH
Don't be a bloody child. Pay the freight, you cheap Scottish bastard, and don't forget the pennies.

JOHN A. MACDONALD and DONALD SMITH exit.

ONE-WOMAN BAND (*singing*)
We are the children
Far from home we go
We're here to kill the savage
And learn the status quo.

Onscreen:

Regina, Saskatchewan

A court of law, with JUDGE *and* LAWYER.

JUDGE
Louis Riel, the Crown asserts that you did "most wickedly, maliciously, and traitorously levy and make war against our said Lady, the Queen." How do you plead?

LOUIS RIEL
Mon peuple a été ignoré. On nous a traités avec mépris. [My people has been ignored. We were treated with contempt.] We have been duped with fast and slippery talk. An "insane

[131]

and irresponsible Government"[7] turned us into wolves. And like the wolf, we protect our young with fang and claw.

JUDGE

Counsel, inform your client that political posturing is not welcome in this court. Convince him to enter a plea.

LAWYER

We have witnesses, m'Lord, who will testify that our client is insane.

ONE-WOMAN BAND (*singing*)

We are the children
Learning right from wrong
Good little girls and boys
Singing pretty songs.

PAPERBOY OR-GIRL

"Poundmaker and Sixty of His Braves Surrender Themselves."

JUDGE

Poundmaker – you have been sentenced to three years' hard labour in the Stony Mountain Penitentiary.

JOHN A. MACDONALD

Attaboy!

PAPERBOY OR-GIRL

"Big Bear and Most of His Force Captured at Carlton."

JUDGE

Big Bear – you have been sentenced to three years' hard labour in the Stony Mountain Penitentiary.

JOHN A. MACDONALD

Canada two – Rebellion zero.

> *JUDGE and LAWYER exit.*

---

7   Louis Riel, "A3–012. Address to the Jury. [Regina]. [85/07/31]," in *The Collected Writings of Louis Riel / Les écrits complets de Louis Riel*, vol. 3, 535.

Onscreen:

Regina
A Cell

LOUIS RIEL, in his cell, finishes his prayer. GENERAL MIDDLETON has been waiting outside RIEL's cell for a while.

GENERAL MIDDLETON
Dumont should swing, not you. He is a savage. His tactics, Indian tactics, night attacks. Gentlemen do not fight wars at night.

LOUIS RIEL
I do not understand your world, monsieur Middleton. I have seen insanity. First the Hudson Bay, and now the railway, the speculators. The government gives them more and more, they take more and more, and still, they are insatiable.

GENERAL MIDDLETON
Mr. Riel, I beg you. You will hang unless you take your lawyer's advice.

LOUIS RIEL
Mon avocat, c'est Dieu. [God's my lawyer.]

ONE-WOMAN BAND (*singing*)
Naughty Mr. Big Bear
Poundmaker, too
One Arrow and Dumont
Riel, shame on you.

PAPERBOY OR -GIRL
"Riel Will Be Charged for Treason."

JOHN A. MACDONALD
Excellent.

PAPERBOY OR -GIRL
"VERDICT OF GUILTY."

JOHN A. MACDONALD
A great day for Canada.

PAPERBOY OR -GIRL
"Recommended to Mercy."

JOHN A. MACDONALD
Goddamn Liberals.

PAPERBOY OR -GIRL
"SENTENCED TO HANG."

JOHN A. MACDONALD
Three zip, game over. I suggest a public execution for Riel as well as for the Indians at Battleford.

NIGEL
But why hang Indians? The main threat was the Métis.

JOHN A. MACDONALD
Because the Indian will blame the Métis for these deaths. And that'll kill any alliance for a century.

NIGEL
If I may suggest, sir, get their heathen children to observe the hangings. Why? So we can "kill the Indian in the child" ...?

JOHN A. MACDONALD
Bingo.

> *JOHN A. MACDONALD, NIGEL, and PAPERBOY OR -GIRL exit.*

ONE-WOMAN BAND (*singing*)
We are the children
Come to watch the show
Someone is gonna die
Bad men on death row.

> *Onscreen:*

Somewhere in the States

GABRIEL DUMONT
Forgive me, Louis. I said I would come for you. Where they hold you in chains, I would need an army. Je suis seul. Je suis perdu. J'm'excuse. [I'm alone. I'm lost. I'm sorry.]

Onscreen:

Battleford Industrial School

VIDEO: *Schoolchildren are in ranks.*

A PRIEST takes centre stage. Actors, many of them breaking character, progressively re-enter.

PRIEST
(*to the children*) Speak white, you filthy heathens!

ONE-WOMAN BAND (*singing*)
We are the children
Forced to watch the show
Today our heroes die
Hey hey ya, way hey ha ha ho
Swinging to and fro.

PRIEST
Pay attention, children, you are about to see an entertainment.

ONE-WOMAN BAND (*breaking character*)
Kah-paypamhchukwao – Wandering Spirit.

GENERAL MIDDLETON / RANDY Q. WHITE WHITE (*breaking character*)
Pahpah-me-kee-sick – Walking the Sky.

CHRISTINE PILON (*breaking character*)
Manchoose – Bad Arrow.

HOVER (*breaking character*)
Kit-ahwah-ke-ni – Miserable Man.

SÉGUIN (*breaking character*)
Itka – Crooked Leg.

LOUIS RIEL (*breaking character*)
Waywahnitch – Man without Blood.

VIRGINIE FISHER (*breaking character*)
Nahpase – Iron Body.

GABRIEL GABRIEL DUMONT (*breaking character*)
A-pis-chas-koos – Little Bear.

ONE-WOMAN BAND (*breaking character*)
Louis Riel.

CHRISTINE PILON (*breaking character, singing*)
Way hey hey yo hey hey yo
Way way ya yo hey hey ya
Way hey hey yo hey hey yo
Way way ya yo hey hey ya.

> *She stops singing. A very long silence.*

> VIDEO: *The schoolchildren lose all their distinctive traditional attire and their clothes turn white.*

> *A new title appears onscreen:*

New York City
Two Years Later

BUFFALO BILL
I'm sorry, Gabriel. My audience likes an outlaw. You've been pardoned, and that's bad for business. Good for you, bad for business.

GABRIEL DUMONT
I understand business.

BUFFALO BILL
At least you got to see America. The New York skyline is like nothing else on earth. Will you be all right?

GABRIEL DUMONT

J'ai un paysage en tête. [I'm imagining a landscape.] Tout ce
que j'ai toujours voulu. All I ever wanted. All I ever fought
for. Home.

> *MONTANA MADELEINE, breaking character, begins*
> *her song while GABRIEL DUMONT goes on ...*

(*speaking in nēhiyawēwin, English, French, and French*
Michif) kiyamayow. ᑭᔭᒫᕘ. Silence, my friends. Écoutez.
nitohtamok. ᓂᑑᕁᑕᒎᐟ. Listen to the sound of the prairie at
night. nitohtamok. ᓂᑑᕁᑕᒎᐟ. Li sons de la prairie li swayr.
L'itii s'achève. Li fond de l'air est frais. [The sounds of the
prairie at night. Summer is coming to a close. The weather is
cool.] nitohtamok. ᓂᑑᕁᑕᒎᐟ. Listen. To the story of the Métis.
Of the Cree. The Saulteaux. The Assiniboine. The Dene. The
Lakota and Dakota. And of Canada too. These stories are
still being told. kīyānaw ōma āyisīniwak osci askihk. ēkwa
namoya wihkāc ē sipwihtēyahk. ᑮᔭᓇᐤ ᐅᒪ ᐊᔨᓯᓂᐊᐧᐠ ᐅᐢᒋ
ᐊᐢᑭᕁ. ᐁᑲᐧ ᓇᒧᔭ ᐃᐧᕁᑳ ᐁ ᓯᐱᐧᑌᔭᕁ. We are the People
of the Land. And we never left. otipīmsiwak. ᐅᑎᐲᒧᓯᐊᐧᐠ. On
quittera zhamayn notre tayr. [We'll never leave our Land.]

MONTANA MADELEINE (*breaking character, singing a cappella*)
Wey hey hey ya wey ya ha
Nepowi pematicio
Wey hey hey ya wey ya ha.

Blackout.

THE END

HISTORICAL
BACKGROUND

Gabriel Dumont and the Events Leading to the North-West Resistance

Gabriel Dumont spent his childhood between the Red River colony, where he was born in 1837, and Fort Pitt, in what would become the province of Saskatchewan. His skills as a hunter and trapper and his qualities as a leader and diplomat were recognized when he was very young. As an adult, he and other hunters founded a self-regulating community, La Petite Ville, near the kisiskāciwani-sīpiy Pᒉᐣbᒉᐊ·ᓂ ᒉᐧᐱ (Saskatchewan River); he was chosen as its leader.

The Métis slowly abandoned hunting as bison became increasingly rare. Forced to live off the land, the Métis became farmers and adopted a more sedentary lifestyle. They saw the government surveyors disembarking and threatening the traditional distribution of land (in the French style of properties divided in deep and narrow rectangles running back from the river): English government officials naturally wanted to register properties in the English style, in squares, without concern for the Métis' right of occupation and use of land. Aware of these problems, Gabriel Dumont met Louis Riel – whose Provisional Government had just finished negotiations with the Canadian government, creating the province of Manitoba in July 1870 – to assure him of his support. During the summer of 1870, Dumont toured the Indigenous tribes of the Prairies in order to convince its Chiefs to form a great alliance so that together they could defend their rights to their Ancestral Lands. Dumont and his community left La Petite Ville to settle in Batoche, Saskatchewan, founded the following year. Dumont became the leader of popular assemblies in a form of autonomous government.

In 1873, the community adopted a constitution to organize social life; its rules recalled those of the Great Hunts. The Métis sought not to challenge the Canadian government but to fill a legal vacuum created by the government itself. The community became administered by eight elected members of the Council and was chaired by Dumont. It adopted twenty-eight laws; captains and soldiers ensured civil harmony; finally, the Council also acted as a court of justice and could levy taxes.

The year 1875 was a pivotal year for the community in several respects. The North-West Mounted Police (NWMP) established a permanent general headquarters at Battleford; surveyors for the Canadian Pacific Railway began to arrive; and in 1876 the Canadian government signed Treaty 6 with the Chiefs of the local nēhiyaw ᐅᐦᐸᐠ (a.k.a. Plains Cree), Dënesųłįne (Chipewyan), and Nakhóta/Nakhóda (Assiniboine and Stoney) communities. The Métis, notably the Dumont clan, acting as interpreters, realized that the First Nations people were being moved onto reserves and their lands taken over by the government. Around the same time, the community was dealing with an influx of new arrivals, including hunters driven into Saskatchewan by the Americans and desperate over the disappearance of the bison herds, and Red River Métis who had lost their property rights in the fiasco of the "scrip" system (see below) and been forced to move farther west.

Throughout these turbulent times, Dumont remained a respected leader who acted primarily by petitioning the government – to which Prime Minister John A. Macdonald turned a deaf ear. In early 1884, at a meeting attended by several hundred people, it was decided to send for Louis Riel. In May 1884, Dumont, accompanied by Michel Dumas and James Isbister (representing the anglophone Métis), left for Montana to find Louis Riel and ask him to help them persuade the government to guarantee their rights.

However, Riel's arrival didn't solve the problem. Riel wanted to negotiate peacefully with the government, as he had in 1870; but the balance of power had shifted, circumstances had changed, and the Canadian government was no longer interested in negotiating. On March 19, 1885, the Provisional Government of Saskatchewan was formed, and Gabriel Dumont was named its adjutant general. In order to retrieve the weapons needed to defend the community, the Métis first attempted to take Fort Carlton. The fort's commander, Leif Newry Fitzroy Crozier, decided to advance to the Métis troops, and the battle, which took place at Duck Lake, was won by the Métis. In Ottawa, Macdonald learned of the defeat and asked General Middleton to prepare his troops, soon to number more than five thousand soldiers.

If, at first, the guerrilla techniques practised by Dumont and the Métis' intimate knowledge of the terrain gave them a definite advantage, especially during the battles of Duck Lake and Fish Creek, the Resistance was soon met with insurmountable obstacles. Resistance fighters were at a strong numerical disadvantage; Dumont tried to muster all the Métis, nēhiyaw, Nakhóta/Nakhóda, Očhéthi Šakówiŋ (Sioux), and Niitsítapi/Siksikaitsitapi ᓂᐟᒐᐧᑯᐧᑊ (Blackfoot Confederacy), but his efforts failed. A few nēhiyaw, Nakhóta/Nakhóda, and Očhéthi Šakówiŋ joined his ranks, and he had the support of Chiefs Mistahi-maskwa ᒥᐢᑕᐦᐃᒪᐢᐦᐠᐧ· (Big Bear) and Pîhtokahanapiwiyin ᐱᐦᑐᑲᐦᐊᓇᐱᐃᐧᔨᐣ (Poundmaker), but most of the other tribes, notably the Húŋkpapȟa Lakȟóta tribe led by Chief Tȟatȟáŋka Íyotake (Sitting Bull), refused to participate in the Resistance. The lack of ammunition and the siege that General Middleton imposed on Batoche soon overcame the Resistance, which fell on May 12, 1885, after three days of fighting.

Dumont and his wife Madeleine then fled to Montana. They tried to convince the Métis of Montana to come to the aid of Riel, who had surrendered and was imprisoned, but without success. Riel was hanged on November 15, 1885. In the spring of the following year, Madeleine died, and Dumont was hired by William Cody, known as Buffalo Bill, in his show *Buffalo Bill's Wild West*. The adventure lasted a few months. At the end of 1886, Dumont was granted amnesty with the rest of the Resistance fighters. It was not until 1893 that he returned to Batoche. He died suddenly on May 19, 1906.

History has often depicted a warlike Gabriel Dumont, but we shouldn't forget that he was an extraordinary political leader, endowed with deep convictions and an irreproachable ethic, who repeatedly privileged political negotiation and diplomacy and only resorted to violence to push back against overt injustice perpetrated against his people, the Métis.

What about Métis Women?

Discussion of the Métis Resistance tends to focus on the battles and achievements of the Provisional Government. In contrast, the roles of Métis women are rarely acknowledged. However, Métis women were undeniably affected by these conflicts, and they provided active support during the events of the North-West Resistance.

If women didn't fight on the frontlines during battles, they still took part in strategic discussions. During the fighting, they sheltered the weak and injured, and cared for the elderly and children. They also prepared meals for the members of the Provisional Government and treated the wounded and sick.

Another of their responsibilities during the hostilities was to supply the men with bullets. To do so, they melted the metal lining of tea cans, teapots, and the lead that surrounded Hudson's Bay Company products. In addition to the production of bullets, the Métis women would collect old bullets for reuse.

When the North-West Resistance ended in 1885, Métis families had lost everything. Women whose husbands had died or were imprisoned during the conflict had to provide for their families. They demanded that the government provide them with food and compensate them for the military's looting and destruction of their possessions. Their requests were rejected. Immediately following the loss of loved ones and of material goods, the Métis were therefore plunged into extreme poverty. The rebuilding of the community and the survival of the Métis Nation were tasks chiefly carried out by women, thanks to their stories and Traditional Knowledge passed down from generation to generation. These memorial tales are at the heart of *Gabriel Dumont's Wild West Show*.

The "Scrip" Fiasco

CHARLES NOLIN – "Des *tchitrrres … Titles!* We need land titles that make sense. We can't divide the land like the English do, in little closed rectangles. (*reactions*) Dumont, what do you think about that?"
—*Gabriel Dumont's Wild West Show*, act one, part two

After Manitoba entered Canadian Confederation, the federal government set up a system of "land scrips" in the North-West. It was intended to address the lack of clarity in the Manitoba Act regarding the distribution of land – the main focus of the Red River Resistance, along with political representation. The system consisted of sending commissioners to Métis communities to issue "scrips" (certificates); it was very slow and caused a significant exile of Métis to Montana and Saskatchewan. The Métis would individually fill out application forms. The certificate received by a Métis person could be exchanged for cash or land (160 or 240 acres, depending on status and age), although the location of the allocated plot was not specified. The forms were complicated, the procedures laborious: Métis had to go to a federal office of land titles and wait to find out if the title to the land didn't conflict with other applicants or if the land had not been reserved for other projects (railroads, schools, etc.). As a result of this exacerbated bureaucracy, many Métis chose not to apply. In addition, the scrips system created much speculation and fraud.

In effect, the system allowed the federal government to individually abolish Métis Land Rights, one family after another. This policy can be seen as equivalent to the historical Treaties between the Canadian state and First Nations, which collectively dispossessed Indigenous Peoples of their Lands during the last two centuries. It's therefore no coincidence that following the negotiations of Treaty 6 in 1876, Gabriel Dumont began to mobilize the Métis around the question of land distribution. This problem became all the more pressing as bison herds rapidly disappeared and agriculture became central to the Métis' livelihood. The government's failure to resolve this issue in good faith led to the Resistance of 1885.

The Train's Strategic Importance

One of John A. Macdonald's big ambitions was the construction of a national railroad. There were several political and economic reasons favouring the project. It was first a question of unifying the colonies and was a condition imposed by British Columbia before joining Canadian Confederation. The railroad would also slow down the expansion of the American network and open up a vast territory suitable for agricultural colonization. To do this, the Crown needed to appropriate the Ancestral Territories of the First Nations and negotiated a series of agreements and numbered treaties with them to this end. The terms of these agreements are controversial to this day.

The Canadian Pacific Railway Company was incorporated in 1881. The private company was financed in part by Donald Alexander Smith, later Lord Strathcona; Sir William Cornelius Van Horne was in charge of the construction work. In 1884, however, money ran out as the wholly Canadian route proved difficult and expensive. The Macdonald government then made a substantial loan to the company to enable the work to continue.

When resistance from the North-West erupted in 1885, the railroad was unfinished. Nevertheless, Van Horne offered to transport Canadian troops to Winnipeg by train on the constructed sections. The journey took nine days, a fraction of the three months it took for troops to reach the Red River Colony in 1870. Expensive as it was, the railroad was of great strategic importance for the Canadian government. Macdonald's political capital from the military intervention in Batoche gave him leeway to inject more funds into the transcontinental rail line, which was completed the following year. Canadian Pacific investors would reap huge benefits.

Chronology of the Métis Resistances

RESISTANCE AT RED RIVER

1812: Foundation of the Red River Colony on the site of present-day Winnipeg, Manitoba.

1836: The Hudson's Bay Company (HBC) controls the colony, which is inhabited mainly by Métis. The inhabitants and the colony's administration are in constant conflict.

1850: Protestant settlers gradually arrive in the area and impose their culture and religion.

1869: The Canadian government sends surveyors to carry out surveys of the Métis' Lands without respecting their occupancy Rights. In November, the HBC transfers its territory to the British Crown. The Métis National Committee (MNC) appoints Louis Riel as its spokesperson, and with a group of militants he takes over the management of the Red River Colony. The Métis communities support him, and together they try to prevent the government from appropriating their Lands. The Resistance takes control of Upper Fort Garry and attempts to negotiate. In December, the MNC becomes a provisional government headed by Louis Riel. After some discussion, the Métis Provisional Government of Saskatchewan agrees to join Canadian Confederation if the Métis' Rights are respected and protected.

1870: Armed conflicts continue over the winter. One of the prisoners held by the rebels, Thomas Scott, an Orangeman soldier, is condemned and executed. This action leads the Canadian government to refuse to grant amnesty to the Resistance leaders, including Louis Riel, despite the fact that negotiations are ongoing. The federal government and the Provisional Government reach an agreement, and on May 12, 1870, the Manitoba Act receives royal assent, establishing the Province of Manitoba and guaranteeing the Métis' Title to their Lands. However, because of the inefficient scrip system (see above), the government seriously mismanages the land transfer process, and the Métis, still disenfranchised, are forced to move further west.

THE NORTH-WEST RESISTANCE

1880: The Chiefs of various Western Plains First Nations tribes – the nēhiyaw ᓀᐦᐃᔭᐤ (a.k.a. Plains Cree), Siksiká (Blackfoot), Kainai (Blood), and Piikáni (Piegan Blackfeet) Nations, the latter three being part of the Blackfoot Confederacy, a.k.a. Niitsítapi/ Siksikaitsitapi ᖹᐧᒍᐧᑐ – feel beleaguered, as the bison herds are rapidly disappearing and famine threatens their people. Moreover, they have been stripped of their Traditional Territories after signing treaties that are not respected by the government. The Métis continue to experience uncertainty concerning their Lands, while white settlers demand the rapid construction of a transnational railway.

1884: Gabriel Dumont leaves for Montana, where Riel lives in exile, and asks him to come back north and help the Métis and the Indigenous Peoples in Saskatchewan to negotiate with the government for recognition of their Land Rights.

March 1885: The Métis ask for permanent Titles to their Lands. They write a "Revolutionary Bill of Rights," form a new Provisional Government, establish headquarters in the Saint-Antoine de Padoue Church at Batoche, and appoint Louis Riel and Gabriel Dumont president and military commander, respectively. The Métis make a strategic stand at Duck Lake (midway between Batoche and Fort Carlton, an HBC post that the Métis demand control over). The North-West Mounted Police (NWMP), commanded by L.N.F. Crozier, advance on Duck Lake. The Métis are victorious in the unavoidable battle. The government in Ottawa decides to accelerate the mobilization of its troops.

April 1885: The Canadian government mobilizes about five thousand troops under the command of Major-General Frederick Dobson Middleton. The resisters engage in the siege of Fort Battleford. Most of the Plains Chiefs sign treaties with Ottawa, which relocate them onto reserves. When the nēhiyaw Chief Mistahi-maskwa ᒥᐢᑕᐦᐃᒪᐢᑿ (Big Bear) refuses to move his band onto a reserve, Ottawa cuts off its food rations. Starved, Chief Mistahi-maskwa and his men attack the Canadian army at Frog Lake. This violent encounter and the siege of Battleford forces Middleton to divide his troops into three columns: one going to Batoche, one staying in Calgary, and one going to Battleford. Dumont and his men decide to confront the battalion marching towards Batoche at Tourond's Coulee, also known as Fish Creek. Despite being outnumbered nine to one, Dumont and his men emerge victorious from the Battle of Fish Creek.

May 1885: Middleton's third column, on its way to Battleford, is met at Cut Knife Creek, Saskatchewan, by Nakhóta/Nakhóda (Assiniboine and Stoney) and nēhiyaw forces, who defeat the Canadian troops. The troops' lives are saved by the decision of nēhiyaw Chief Pîhtokahanapiwiyin ᐲᐦᑐᑲᐦᐊᓇᐱᐏᔨᐣ (Poundmaker) to retreat with no further violence. Middleton waits for reinforcements and attacks Batoche on May 9. On May 12, the Métis, short of ammunition, are defeated. Riel surrenders on May 15, and Dumont flees to Montana. More Canadian forces arrive, and Chief Pîhtokahanapiwiyin and many other tribes are defeated at Battleford. Chief Pîhtokahanapiwiyin surrenders on May 26.

June 1885: The final battle takes place at Loon Lake, Saskatchewan. Almost all the Chiefs surrender, except Chief Mistahi-maskwa, who manages to escape but surrenders in July.

September 1885: Louis Riel's trial for high treason opens in Regina, Saskatchewan. On September 18, he is sentenced to be hanged. Chiefs Mistahi-maskwa and Pîhtokahanapiwiyin are each sentenced to three years in prison.

November 1885: On November 16, Louis Riel is hanged in Regina. On November 27, six nēhiyaw and two Nakhóta/Nakhóda resisters – Kah-paypamhchukwao (a.k.a. Wandering Spirit), Pah-pah-me-kee-sick (Walking the Sky), Manchoose (Bad Arrow), Kit-ahwah-ke-ni (Miserable Man), A-pis-chas-koos (Little Bear), Nahpase (Iron Body), Itka (Crooked Leg), and Waywahnitch (Man without Blood) – are hanged in Battleford, Saskatchewan. The children attending Battleford Industrial School, a residential school opened in 1883, are forced to watch the hangings. A general amnesty is declared for the other participants in the rebellion.

NOTE

A useful map, designed by Léo Larivière, of the 1885 locations mentioned above can be found at the following address: naccna-pdf.s3.amazonaws.com/theatrefrancais/wildwestshow /carte_de_1885_concue_par_leo_lariviere-2.pdf.

Further Reading

Chris Andersen, *"Métis": Race, Recognition, and the Struggle for Indigenous Peoplehood*, essay (UBC Press, 2015)

Peter Bakker, *A Language of Our Own: The Genesis of Michif, the Mixed Cree – French Language of the Canadian Métis*, essay (Oxford University Press, 1997)

Lawrence J. Barkwell, *The Metis Homeland: Its Settlements and Communities*, essay (Louis Riel Institute, 2016)

Lawrence J. Barkwell, Leah Dorion, and Anne Acco, *Women of the Métis Nation*, essay (Gabriel Dumont Institute of Native Studies and Applied Research, 2016)

Michael Barnholden, *Circumstances Alter Photographs: Captain James Peters' Reports from the War of 1885*, photographic essay (Talonbooks, 2009)

Maria Campbell, *Halfbreed*, biography (McClelland & Stewart, [1973] 2019)

Maia Caron, *Songs of Batoche*, novel (Ronsdale Press, 2017)

Denis Combet, *Gabriel Dumont, mémoires et récits de vie*, memoirs (Éditions du Blé, 2018)

Gabriel Dumont, *Gabriel Dumont Speaks*, trans. Michael Barnholden (Talonbooks, 2009)

Marilyn Dumont, *The Pemmican Eaters*, poetry (ECW Press, 2015)

———, *A Really Good Brown Girl*, poetry (Brick Books, [1996] 2015)

Julie Flett, *Owls See Clearly at Night: A Michif Alphabet / Lii Yiiboo Nayaapiwak lii Swer: L'alfabet di Michif*, children's book (Simply Read Books, 2010)

Walter Hildebrandt, *The Battle of Batoche: British Small Warfare and the Entrenched Métis*, essay (Talonbooks, 2012)

Ric Knowles, *Theatre and Interculturalism*, essay (Red Globe Press, 2010)

Aurélie Lacassagne, *Mémoires éclatées, mémoires conciliées: Essai sur le* Wild West Show de Gabriel Dumont, essay (Prise de parole, 2021)

Brenda Macdougall, *One of the Family: Metis Culture in Nineteenth-Century Northwestern Saskatchewan*, essay (UBC Press, 2010)

Kim Morrissey, *Batoche*, poetry (Coteau Books, 1989)

Darren R. Préfontaine, *Gabriel Dumont: Li Chef Michif in Images and in Words*, photographic essay (Gabriel Dumont Institute, 2010)

John Ralston Saul, *A Fair Country: Telling Truths about Canada*, essay (Viking Canada, 2008)

Louis Riel, *The Collected Writings of Louis Riel / Les écrits complets de Louis Riel*, 5 vols., ed. George G.F. Stanley (University of Alberta Press, 1985), especially vol. 4, Poetry / Poésie (ed. Glen Campbell)

——, *Selected Poetry of Louis Riel*, trans. Paul Savoie, ed. Glen Campbell (Exile Editions, 2000)

David A. Robertson (text) and Andrew Lodwick (art), *The Rebel: Gabriel Dumont*, graphic novel (HighWater Press, 2014)

Jean Teillet, *The North-West Is Our Mother: The Story of Louis Riel's People, the Métis Nation*, essay (Patrick Crean Editions, 2019)

Charles Duncan Thompson, *Red Sun: Gabriel Dumont, the Folk Hero*, essay (Gabriel Dumont Institute, 2017)

Rudy Wiebe and Bob Beal (eds.), *War in the West: Voices of the 1885 Rebellion*, essay (McClelland and Stewart, 1985)

Permissions

The Historical Background and Chronology of the Métis Resist-
ances above were largely adapted from the website prepared by the
Théâtre français of the Centre national des Arts (CNA) / National
Arts Centre (NAC) during the production of *Gabriel Dumont's
Wild West Show / Le Wild West Show de Gabriel Dumont,* and more
specifically from the articles "The Life of Gabriel Dumont" by
Aurélie Lacassagne, "Métis Women's Roles in the Resistances" by
Joanna Seraphim, and the "Chronology of the Métis Resistances"
by Isaac Robitaille. We thank the authors as well as the CNA / NAC
for allowing their use. The complete document is available at nac
-cna.ca/en/wildwestshow/historique.

About the Authors

Comedian, poet, novelist, playwright, translator, and screenwriter **Jean Marc Dalpé** ranks among the major Franco-Ontarian writers of our time. He has won the Governor General's Award three times, the first for the play *Le Chien* (1989). He is the author of the collection of plays *Il n'y a que l'amour* (1999) and the novel *Un vent se lève qui éparpille* (2000).

David Granger studied at the École supérieure de théâtre at Université du Québec à Montréal. A set designer, director, actor, and author, he has worked for many companies, including La Troupe du Jour in Saskatoon, Saskatchewan. Since 2015, he has held the position of chief props officer at the University of Saskatchewan's Department of Drama.

A bilingual creator, **Laura Lussier** has been active in a number of creative endeavours: acting, directing, producing, writing, leading theatre workshops, and performing on TV. She has participated in more than twenty-five productions, and since 2009 has ventured into directing. She is the founder and artistic director of Théâtre p'tits bouts d'choux.

Alexis Martin is a highly versatile artist and creator. Trained at the Conservatoire d'art dramatique de Montréal, he has played dozens of roles on stage, on TV, and in film. He has been the artistic co-director of the Nouveau Théâtre Experimental since 1999, where he conducts experiments in writing, acting, and directing.

Andrea Menard is a singer, songwriter, author, and actor. Committed to promoting reconciliation and unity among Nations, she embodies the riches of Métis culture, whether in concert, on recorded music, or on television. In accordance with her commitment to Métis and Indigenous values, she has sung her ideals in front of representatives of royalty, prime ministers, ambassadors, and governors general.

Born in Saskatchewan to an Anishinaabe (Algonquin) mother and an Irish immigrant father, **Yvette Nolan** knows how to wield the pen: she is the author of several plays and has directed numerous shows. She was artistic director of Native Earth Performing Arts and has written a book about Indigenous theatre in Canada, *Medicine Shows: Indigenous Performance Culture*. She lives in Toronto, Ontario.

Gilles Poulin-Denis is an actor, writer, translator, and director from Saskatchewan. As a performer, Gilles has worked for many theatre companies, from Vancouver to Brussels. He has also authored four plays and several short texts. He is the artistic director of the 2PAR4 theatre company as well as of the biennial Zones Théâtrales at the National Arts Centre / Centre national des arts.

Born in northern Saskatchewan, **Paula-Jean Prudat** is a proud nēhiyaw ᓀᐦᐃᔭᐤ (Cree), Nakawē ᓇᐦᑲᐍ (Saulteaux), and Métis author and actor. Winner of the REVEAL Indigenous Art Award and finalist for the 2017 K.M. Hunter Award, Paula-Jean has performed on stages across Canada and the United States. She has authored the plays *Emerge in Repose* and *Réunir* and is currently working on another theatrical piece.

Mansel Robinson was born in Chapleau, Ontario, and has long resided in Saskatchewan. Through his plays, Mansel's language crosses Canadian territory: his theatrical works, three of which have been translated into French by Jean Marc Dalpé, have been performed in Calgary, Saskatoon, Edmonton, Ottawa, and Montréal. Winner of numerous awards, he was a finalist for the prestigious Siminovitch Prize in Theatre.

nēhiyaw ᓀᐦᐃᔭᐤ (Cree) playwright from the George Gordon First Nation, on Treaty 4 Territory, **Kenneth T. Williams** is the first Indigenous person to earn an M.A. in creative writing from the University of Alberta. Among his plays are *Care, Café Daughter, Gordon Winter, Thunderstick, Bannock Republic, Suicide Notes,* and *Three Little Birds.* He teaches in the Department of Drama at the University of Alberta.

About the Translators

Marjorie Beaucage is a proud Métis Two-Spirited filmmaker, cultural worker, and community-based video activist. She was a co-founder of the Aboriginal Film and Video Art Alliance. She worked as a cultural Ambassador to negotiate self-governing partnerships and alliances with the Banff Centre for the Arts, V-tape, and the Canada Council for the Arts, which resulted in the development of Aboriginal Arts programs. She also programmed the first Aboriginal Film Festival in Toronto in 1992.

Fanny Britt is a writer, playwright, screenwriter, and translator. She has written fifteen plays, including *Bienveillance*, winner of the 2013 Governor General's Award, *Hurlevents* (2018), and *Lysis* (2020), written with Alexia Bürger. Her two graphic novels illustrated by Isabelle Arsenault, *Jane, the Fox & Me* and *Louis parmi les spectres*, have been translated into ten languages. *Hunting Houses*, her first novel, was a finalist for the Prix France-Québec and the Prix littéraire des collégiens.

Alexis Diamond is a theatre artist, opera and musical librettist, translator, and theatre artist working on both sides of Montréal's linguistic divide. Her award-winning works have been presented across Canada, the United States, and Europe. In May 2019, Alexis served as the co-artistic director of the famed Festival du Jamais Lu, where she presented the mostly French-language *Faux-amis* with co-author Hubert Lemire. She lives in Montréal.

Maureen Labonté is a dramaturge, translator, and teacher. She is the coordinator of the Playwrights Workshop Montréal / Cole Foundation Mentorship for Emerging Translators. From 2006 to 2011, Maureen was co-director of the Banff Playwrights' Colony at the Banff Center for the Arts. She has taught at the National Theatre School of Canada since the mid-1990s. Maureen has translated more than forty-five Québec plays into English.

Randy Morin nitisihkāson ᓂᑎᓯᐦᑳᓱᐣ is from the mistahi sīpīy ᒥᐢᑕᐦᐃ ᓰᐲᕀ or Big River First Nation, in central Saskatchewan on Treaty 6 Territory. His western education consists of a B.A. in Indigenous Studies, a B.Ed., and an M.A. in Indigenous Language Revitalization. His nēhiyaw ᓀᐦᐃᔭᐤ (Cree) education consists of a lifetime of traditional Plains Cree teachings. He is an oskāpēwis ᐅᐢᑳᐯᐏᐢ (Helper) for many people in the community. He is a strong advocate for the nēhiyawēwin ᓀᐦᐃᔭᐍᐏᐣ language and culture and is currently an assistant professor at the University of Saskatchewan. Randy is also the author of nēhiyaw children's books, including *Meewasin Forest: Two Children Stories* (with Mitchell Poundmaker) and *kiwahkomâkanowak pisiskowak nânâskomowak tahto kîsikâw / Our Relatives, the Animals Give Thanks* (with Carla Joseph).

Gabriel Dumont (1837–1906), Military Commander of the Métis during the North-West Rebellion of 1885 [North-West Resistance], 1880–1889. Photographed by Harvey J. Strong. Source: Library and Archives Canada, Jean Riel fonds, e011156649.

Gabriel Dumont (1837-1906), commandant militaire des Métis lors de la rébellion du Nord-Ouest de 1885 [la Résistance du Nord-Ouest], 1880-1889. Photographié par Harvey J. Strong. Source : Bibliothèque et Archives Canada, fonds Jean Riel, e011156649.

Battle of Batoche, 1885. Pen and black ink over pencil, with opaque white on wove paper. Artist: Charles William Jefferys (1869–1951). Source: Library and Archives Canada, Charles William Jefferys fonds, e010999525.

Battle of Batoche, 1885. Stylo et encre noire par-dessus crayon à mine, avec blanc opaque, sur papier vélin. Œuvre de Charles William Jefferys (1869-1951). Source : Bibliothèque et Archives Canada, fonds Charles William Jefferys, e010999525.

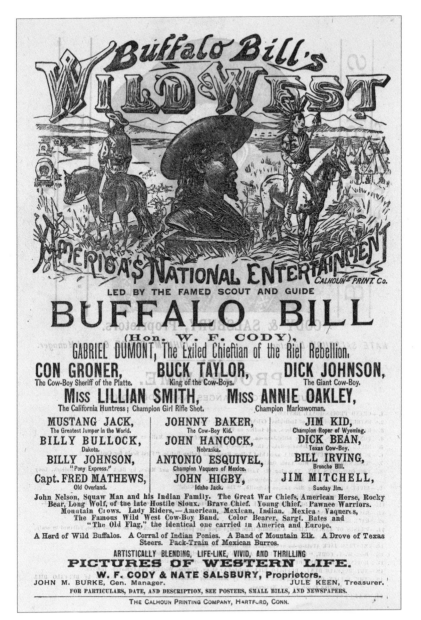

Buffalo Bill's Wild West *show program, 1886.* MS6 William F. Cody Collection, McCracken Research Library, MS6.1897.01.

Programme du spectacle Buffalo Bill's Wild West, *1886.* Collection MS6 William F. Cody Collection, McCracken Research Library, MS6.1897.01.

Louis Riel addressing the jury during his trial for treason, Regina [oskana kā-asastēki ᐅᐢᑲᓇ ᑳ ᐊᓴᐢᑌᑭ], SK: 1885. Photographed by Oliver Buell (1844–1910). Source: Library and Archives Canada, Canadian Intellectual Property Office fonds, e010933908.

Louis Riel s'adressant au jury durant son procès pour trahison, Regina [oskana kā-asastēki ᐅᐢᑲᓇ ᑳ ᐊᓴᐢᑌᑭ], Saskatchewan, 1885. Photographié par Oliver Buell (1844-1910). Source : Bibliothèque et Archives Canada, fonds de l'Office de la propriété intellectuelle du Canada, e010933908.

« Dans les tranchées de Batoche », tiré de *Louis Riel en bande dessinée* par Robert Freynet, Winnipeg, Manitoba, Les Éditions des Plaines, 1993, p. 38.

"In the Trenches of Batoche," from *Louis Riel en bande dessinée*, by Robert Freynet. Winnipeg, MB: Les Éditions des Plaines, 1990, p. 38.

Battle of Fish Creek. Coloured lithograph. Artist: Fred W. Curzon. Toronto [Aterón:to/Tkarón:to], Ontario 1885. Source: Library and Archives Canada, c002425k.

Extraits de la presse

Vraiment excellent. J'ai ri aux larmes !
  – **Marilou Lamontagne**, ICI Radio-Canada Ottawa Gatineau

Une [...] pièce historique qui amuse, déconcerte et provoque, dans une forme qui ne cesse de bifurquer d'un moment à l'autre comme rue un cheval fougueux.
  – **J. Kelly Nestruck**, *The Globe and Mail*

Si ce *Wild West Show* drôle et triste à la fois est si réussi, c'est que l'équipe de création s'est documentée avec un souci d'écouter les communautés impliquées en réhabilitant la figure de Gabriel Dumont. Et qu'il y fait souffler, dans sa volonté de décaper le récit national, un vrai vent de folie.
  – **Maud Cucchi**, *JEU Revue de théâtre*

Le Wild West Show de Gabriel Dumont est une sorte de cours d'histoire métisse 101 en accéléré, complètement déjanté, une leçon sur l'acide où l'humour se met au service de l'histoire. Un propos qui demeure contemporain avec ses nombreux clins d'œil, ses mises en abyme et autres anachronismes volontaires.
  – **Martin Vanasse**, *Radio-Canada*

Le résultat est plein de vie, bondissant, rempli de surprises, de couleur, d'humour et d'un parti pris qu'on ne peut qu'endosser.
  – **Marie-Claire Girard**, *Le HuffPost Québec*

Ce que nous offre ici le collectif qui a monté ce spectacle de variétés [...] est un pur fantasme de divertissement; un alliage délirant de drame historique, de comédie musicale, de cabaret burlesque, de soirée du hockey et de quiz télévisé.
  – **Pierre-Alexandre Buisson**, *Bible urbaine*

Le Wild West Show de Gabriel Dumont, une gigantesque fresque historique, à la fois divertissante et informative, autocritique et à l'humour «auto-décapant», arrive donc comme un buffle dans un jeu de quilles, un vent de fraîcheur.
  – **Yanik Comeau**, *Théâtralités*

Entre éclats de rire (parfois jaunes) et moments d'émotions vives, *Le Wild West Show de Gabriel Dumont* fait voyager les spectateurs par monts et par vaux dans la lutte des Métis pour raconter un pan souvent oublié de notre histoire collective.
  – **Valérie Lessard**, *Le Droit*

Ce livre est une copublication de Talonbooks et des Éditions Prise de parole.

Talonbooks est situé sur le territoire traditionnel des nations xʷməθkʷəy̓əm, sḵwx̱wú7mesh et səl̓ilwətaʔɬ.

Les Éditions Prise de parole sont situées sur le territoire traditionnel de la nation atikameksheng anishnawbek.

Talonbooks
9259 Shaughnessy Street
Vancouver (British Columbia)
Canada V6P 6R4
talonbooks.com

Talonbooks acknowledges the financial support of the Canada Council for the Arts, the Government of Canada through the Canada Book Fund, and the Province of British Columbia through the British Columbia Arts Council and the Book Publishing Tax Credit.

Éditions Prise de parole
205-109, rue Elm
Sudbury (Ontario)
Canada P3C 1T4
www.prisedeparole.ca

Les Éditions Prise de parole remercient le gouvernement du Canada, le Conseil des arts du Canada, le Conseil des arts de l'Ontario et la Ville du Grand Sudbury de leur appui financier.

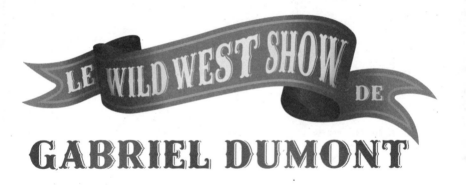

GABRIEL DUMONT

par

Jean Marc Dalpé, David Granger,
Laura Lussier, Alexis Martin,
Andrea Menard, Yvette Nolan,
Gilles Poulin-Denis, Paula-Jean Prudat,
Mansel Robinson et Kenneth T. Williams

Théâtre

Éditions Prise de parole et Talonbooks
Sudbury et Vancouver 2021

Œuvre en première de couverture : Liliane Jodoin/Silent Partners Studio
Conception de la première de couverture : Olivier Lasser

Édition : Chloé Leduc-Bélanger
Infographie : Typesmith et Chloé Leduc-Bélanger
Révision linguistique : Chloé Leduc-Bélanger (français), Charles Simard (anglais)
et Randy Morin (nēhiyawēwin)
Correction d'épreuves : Sonya Malaborza et Charles Simard

Diffusion au Canada : Dimedia

Catalogage avant publication de Bibliothèque et Archives Canada
Titre : Le wild west show de Gabriel Dumont = Gabriel Dumont's wild west show
 / Jean Marc Dalpé, Alexis Martin, Yvette Nolan, David Granger, Laura Lussier,
 Andrea Menard, Gilles Poulin-Denis, Paula-Jean Prudat, Mansel Robinson,
 Kenneth T. Williams (auteurs) ; Maureen Labonté, Marjorie Beaucage et Randy
 Morin (traducteurs).
Autres titres : Gabriel Dumont's wild west show
Noms : Dalpé, Jean Marc, 1957- auteur. | Dalpé, Jean Marc, 1957- Wild west show
 de Gabriel Dumont. | Dalpé, Jean Marc, 1957- Wild west show de Gabriel
 Dumont. Anglais.
Description : Pièce de théâtre. | Texte en français et en anglais ; comprend du texte
 en mitchif et en cri.
Identifiants : Canadiana (livre imprimé) 20200414062F | Canadiana (livre
 numérique) 2020041450XF | ISBN 9782897441203 (couverture souple ; Éditions
 Prise de parole) | ISBN 9781772013191 (couverture souple ; Talonbooks) | ISBN
 9782897441210 (PDF) | ISBN 9782897441227 (EPUB)
Classification : LCC PS8557.A458 W55 2021 | CDD C842/.54—dc23

Achevé d'imprimer
en avril 2021 sur les presses
de l'Imprimerie Gauvin, à Gatineau (Québec).

Table des matières

Apprendre et apprendre, trébucher, se relever

À l'été 2018, une vive controverse a éclaté autour de deux projets théâtraux du metteur en scène Robert Lepage : la pièce de théâtre musical *SLĀV* a été retirée de la programmation du Festival de Jazz de Montréal à la suite d'une volée de protestations en raison de la composition majoritairement blanche de la distribution, qui chantait des *spirituals* afro-américains. Quant à *Kanata*, un récit théâtral mettant en scène les relations des Autochtones du Canada avec les colons de souche européenne, cette entreprise a aussi soulevé des questions parce qu'aucun·e artiste autochtone n'avait été convié·e à participer à la création ou à la production de l'œuvre.

De nombreux artistes, critiques et commentateur·trice·s sont intervenu·e·s, soit pour défendre la liberté d'expression ou, à l'opposé, s'insurger contre l'appropriation culturelle. Une des interventions les plus étonnantes pour moi a été celle de la directrice du Théâtre français du Centre national des arts, Brigitte Haentjens : non pas parce qu'elle y défendait vigoureusement la liberté d'expression, mais bien plutôt parce que l'organisation qu'elle dirige avait coproduit l'année précédente *Le Wild West Show de Gabriel Dumont*, œuvre issue d'un processus créatif qui était l'antithèse de celui employé pour le *Kanata* de Robert Lepage. La dernière représentation du *Wild West Show de Gabriel Dumont* avait eu lieu à Québec six mois à peine avant qu'éclate dans les médias la controverse autour de *Kanata*. Toutefois, personne n'a souligné le fait que le *WWS* représentait un modèle assez radical de théâtre inclusif.

Telle semble être la nature oublieuse de cet étrange pays appelé Canada.

Cette culture de l'oubli a sans doute été un des déclencheurs qui ont poussé Jean Marc Dalpé et Alexis Martin à renouer avec l'histoire de Dumont et des Métis de l'Ouest. Ces deux francophones de l'est du pays s'étonnaient de trouver leurs manuels d'histoire bien peu diserts au sujet du grand chef métis Gabriel Dumont et des résistances du Nord-Ouest canadien. Dumont, après avoir été un acteur du Wild West Show de Buffalo Bill – un spectacle à grand déploiement qui, à la fin du dix-neuvième siècle, enchantait les foules de partout en Amérique –, est revenu dans son pays natal avec en tête le projet de raconter l'histoire de son peuple et de sa résistance en s'inspirant de la forme du spectacle de Bill Cody. Le projet n'a cependant jamais vu le jour. Plus de cent après qu'il en a formulé le vœu, deux hommes blancs vivant au Québec ont entrepris de le réaliser pour lui...

Jean Marc et Alexis ont donc mis le cap sur la Saskatchewan, la patrie des Métis (comme on la désigne dans les reconnaissances territoriales ubiquitaires), afin de rencontrer les artistes qui y habitent et y exercent leur art. Mais aussi, ils s'y rendaient à la découverte du « pays réel ». Avec la dramaturge Maureen Labonté, ils ont établi une liste d'artisan·e·s du théâtre dans les Prairies et sont allés les rencontrer. Un des principes directeurs du projet : que toutes les communautés qui avaient joué un rôle, de près ou de loin, dans les événements de la résistance de 1885 soient réunies autour de la table de création : Métis, francophones, anglophones, Premières Nations, Canadiens de l'Est comme de l'Ouest...

Après une première ronde de contacts et de discussions, dix auteurs et autrices ont été pressenti·e·s pour écrire le texte : David Granger, Laura Lussier, Andrea Menard, Gilles Poulin-Denis, Paula-Jean Prudat, Mansel Robinson, Kenneth T. Williams, aux côtés de Jean Marc Dalpé, Alexis Martin et moi-même, Yvette Nolan. En juillet 2015, ces artisan·e·s se sont rendu·e·s à Duck Lake, à Fish Creek et à Batoche, sur le territoire visé par le Traité n⁰ 6, territoires traditionnels des nations Niitsítapi ᐊᑊᒍᐟᑦ, nēhiyaw ᓀᐦᐃᔭᐤ, Métis et Očhéthi Šakówiŋ, pour y faire des offrandes de tabac. Au théâtre de la Troupe du Jour à Saskatoon, nous avons chanté et fait brûler de la sauge, et nous avons partagé nos espoirs et nos aspirations quant au spectacle à naître. Dès les premiers balbutiements du

projet, j'ai été enthousiasmée par ce que nous nous apprêtions à créer, mais surtout par la *façon* dont nous entendions le faire. Voilà, pour moi, à quoi pouvait ressembler un théâtre national : une entreprise qui réunit francophones, anglophones et Premiers Peuples. Des partenaires égaux qui creusent ensemble un récit qui touche toutes les communautés, chacun partageant avec les autres sa perspective et sa compréhension de l'histoire.

À chacune des étapes du projet, les créateurs et créatrices ont veillé à faire les choses de façon cohérente, du recrutement initial des dramaturges, au casting du spectacle, en passant par les protocoles de création et les rituels qui présidaient aux séances de travail. Le Théâtre français du Centre national des Arts, à travers l'action diligente et bienveillante de Robert Gagné, a encadré le développement de l'œuvre, s'assurant que les ressources soient au rendez-vous, qu'aucune demande, même la plus exigeante, ne soit écartée sans avoir été bien soupesée.

J'ai commencé le projet en tant qu'autrice, mais je suis rapidement devenue script-éditrice aux côtés de Jean Marc et d'Alexis. À titre d'écrivaine de théâtre et de conseillère dramaturgique, je me suis toujours intéressée à l'arc général d'un récit, à la syntaxe de ses parties et au sens politique de l'histoire qui est relayée. Comme écrivaine autochtone, j'étais particulièrement sensible aux dangers inhérents aux choix que nous faisions, à la façon dont nous allions privilégier un aspect du récit plutôt qu'un autre. En tant que *halfbreed* (une dénomination que Maria Campbell s'est réappropriée pour nous en 1973 dans son livre éponyme), je suis habituée à avoir un pied dans chacun des mondes. (Maria me demande souvent « Sur quel pied te tiens-tu, Yvette ? ») Et, bien qu'anglophone, je peux aussi travailler en français, ce qui était important puisque chaque auteur et autrice créait dans sa langue maternelle.

Langage. Richesse vertigineuse des mots et des langues. Je me revois dans une chambre louée à Te Rotorua-nui-a-Kahumatamomoe, en Aotearoa (Nouvelle-Zélande), à l'autre bout du monde, en train de lire la sixième version d'un assemblage en français du texte de la pièce. J'avais envoyé une note à Jean Marc, Maureen et Alexis leur expliquant que les parties les plus difficiles à déchiffrer pour moi étaient celles écrites par David Granger en mitchif transcrit

phonétiquement : « ... quand j'ai compris que quand il écrivait *sa,* il voulait signifier *ça,* et que je me suis mise à lire à haute voix, tout est devenu plus facile : *touffu de p'tchi bwas* – oh ! touffu de petit bois – *fiiziis* = fusils, etc. » Le « MONSTRE », comme Jean Marc désignait notre texte à l'époque, m'avait pris pas loin d'une journée entière à lire. Le seul mot qui restait obscur était *manigances.* Maureen m'a éclairée rapidement : « manigances : petites manœuvres secrètes... »

Il y avait la langue mitchif, bien sûr, mais aussi les langues nēhiyawēwin ᖬᐦᐃᔭᐁᐊᐣ (cri des Plaines), lakȟótiyapi (lakota), le français et l'anglais, l'anicinâbemowin (algonquin), le kanien'kéha (Mohawk).

Cette collaboration n'a pas été sans heurt. Un échange entre cultures exige une grande attention à la communication entre les participant·e·s, une écoute assidue, beaucoup de patience et de générosité. D'une certaine façon, il nous a fallu apprendre à écouter *autrement,* non seulement parce que plusieurs langues étaient parlées autour de la table, mais aussi parce que les participant·e·s exprimaient des conceptions du monde très différentes. Parfois un auteur ou une autrice ne se sentait pas réellement entendu·e, quand bien même les autres s'efforçaient de comprendre. Il y a eu des larmes et des grincements de dents...

Écouter demande du temps. Et de bien répondre aux interrogations et aux préoccupations des un·e·s et des autres, autour de la table, en répétition, dans les conversations parallèles, cela demande aussi beaucoup de temps. Quand les barrières culturelles semblaient insurmontables, au lieu de forcer le passage parce que « *the show must go on* », nous avons pris le temps de respirer, nous avons demandé à des aîné·e·s de nos communautés respectives de nous aider à naviguer les eaux plus incertaines.

Cette aventure autour de Gabriel Dumont a été compliquée, complexe, parfois douloureuse, et souvent très joyeuse. Elle a aussi été l'occasion d'une importante transformation. Je sors de cette aventure remplie d'optimisme : je sais qu'il est possible de construire des œuvres autour de questions sensibles, délicates, non seulement dans de petites structures, avec des collectifs d'artistes indépendants, mais aussi dans des institutions dotées de moyens importants et qui

ont accès à un public plus large. De voir mes collègues de travail à l'écoute les un·e·s des autres, pressé·e·s d'apprendre de nouvelles choses, trébuchant parfois mais se relevant aussitôt, partageant leur expérience avec cœur et ouverture d'esprit... ce spectacle m'a donné des raisons d'espérer que nous pourrons encore susciter des discussions franches et ouvertes, par-delà les différences culturelles, géographiques ou générationnelles ; des échanges qui nous amènent à mieux comprendre comment nous en sommes venu·e·s à partager cette terre et, surtout, comment, à l'avenir, nous pourrons le faire de la meilleure façon qui soit.

– Yvette Nolan
traduit de l'anglais par Alexis Martin

Les maîtres de piste Séguin (Alexis Martin) et Hover (Jean Marc Dalpé) ainsi que Montana Madeleine (Krystle Pederson) accueillent les spectateurs. Crédit : Jonathan Lorange / Centre national des Arts.

Ring masters Séguin (Alexis Martin) and Hover (Jean Marc Dalpé), along with Montana Madeleine (Krystle Pederson), welcome the spectators. Photo : Jonathan Lorange / National Arts Centre.

Le Wild West Show de Gabriel Dumont

Le Wild West Show de Gabriel Dumont / Gabriel Dumont's Wild West Show a été créée le 18 octobre 2017, à odàwàg (Ottawa, Ontario), dans une production du Théâtre français du Centre national des Arts, en coproduction avec le Nouveau Théâtre Expérimental (Tiohtià:ke / Montréal, Québec), le Théâtre Cercle Molière (wīnipēk ᐄᓂᐯᐠ / Winnipeg, Manitoba) et La Troupe du Jour (sāskwatōn ᓵᐢᑲᐍᑑᐣ / Saskatoon, Saskatchewan).

Équipe de création

Texte	Jean Marc Dalpé, David Granger, Laura Lussier, Alexis Martin, Andrea Menard, Yvette Nolan, Gilles Poulin-Denis, Paula-Jean Prudat, Mansel Robinson et Kenneth T. Williams
Traduction français-anglais	Alexis Diamond et Maureen Labonté
Traduction français-mitchif	Marjorie Beaucage
Traduction anglais-français	Fanny Britt, Jean Marc Dalpé et Alexis Martin
Traduction anglais-anicinâbemowin	Joan Tenasco
Traduction anglais-nēhiyawēwin ᑐᐦᐃᔭᐍᐃ	Randy Morin
Traduction anglais-kanien'kéha	Warisose Gabriel
Traduction anglais-lakȟótiyapi	Darlene Speidel
Mise en scène	Mani Soleymanlou
Direction artistique	Jean Marc Dalpé, Alexis Martin, Yvette Nolan et Mani Soleymanlou
Assistance à la mise en scène	Jean Gaudreau
Régie générale	Elaine Normandeau (Ottawa, Montréal et Québec) et Adèle Saint-Amand (Winnipeg et Saskatoon)
Dramaturgie	Maureen Labonté
Scénographie	David Granger

Lumière	Erwann Bernard
Musique et conception sonore	Olaf Gundel
	et Benoît Morier
Conception vidéo	Silent Partners
Costumes	Jeff Chief
Accessoires	Madeleine Saint-Jacques
Mouvement	Chancz Perry
Direction technique	Élise Lefebvre
Assistance à la création lumière	Julie-Anne Parenteau-Comfort
Régie son	Francis-Olivier Métras
Régie vidéo	Victoria Morrison
	(Ottawa, Montréal et Québec)
	et Frank Donato
	(Winnipeg et Saskatoon)
Coordination de production (à la création)	
et direction de tournée	Anastasia Kitsos
Coproduction	Théâtre français du Centre national
	des Arts (Ottawa)
	Théâtre Cercle Molière (Winnipeg)
	La Troupe du Jour (Saskatoon)
Production déléguée	Théâtre français du CNA
Collaboration	Centre du Théâtre d'Aujourd'hui (Montréal)

Ce spectacle a été l'un des 200 projets exceptionnels soutenus par l'initiative Nouveau Chapitre du Conseil des arts du Canada. La production a aussi reçu l'appui financier du Secrétariat aux affaires intergouvernementales canadiennes du gouvernement du Québec en vertu des programmes de soutien financier en matière de francophonie canadienne.

La production a été rendue possible grâce au soutien de généreux donateurs de la Campagne d'appui à la création de la Fondation du Centre national des Arts, tels que Donald T. Walcot, qui croient à l'importance d'investir dans les créations canadiennes.

Distribution

Charles Bender	Gabriel Dumont / Gaudry
Jean Marc Dalpé	Hover / Historien orangiste / Don Cherry / Arpenteur 1 / Avocat
Katrine Deniset	Virginie Fisher / James Isbister / Historienne orangiste / Métis 2 / Jimmy / Animatrice de jeu télévisé / Spence / Camelot
Gabriel Gosselin	Louis Riel / Joseph Ouellette / Charles Nolin / Métis 1 / Joseph Delorme
Alexis Martin	Séguin / Monseigneur Grandin / René Lecavalier / Arpenteur 2 / Judge / Édouard
Émilie Monnet	Christine Pilon / Chef nēhiyaw 1 / Michel Dumas / Chef Tȟatȟáŋka Íyotake (Sitting Bull) / Donald Smith / Madame Tourond
Krystle Pederson	Montana Madeleine / Van Horne / Prêtre / Un colon anglais
Dominique Pétin	Madeleine Dumont / John A. Macdonald / Buffalo Bill / Chef nēhiyaw 2
Chancz Perry	Général Middleton / Randy Q. White / Nigel / Soldat canadien-français / Soldat ontarien / Officier de la North-West Mounted Police / Négociateur
Andrina Turenne	Femme-orchestre

Les éléments de base du spectacle

Personnages

Cinq femmes, cinq hommes d'ascendances autochtone et allochtone.

Lieu

L'espace vide de la piste ou d'une arène. Un sol en sable ?

Les spectateurs sont assis sur des gradins autour de cet espace sur trois côtés ou en demi-lune.

En arrière-plan et en hauteur, un dispositif qui sert d'écran sur lequel on pourra projeter des titres, dates, textes, images d'archives, films, etc.

L'ensemble devrait être assez simple pour permettre de s'adapter à toutes les circonstances. Un vrai show de tournée.

Comme chez les élisabéthains, tous les accessoires et éléments de décors doivent pouvoir entrer sur la piste au besoin et sortir une fois qu'ils ne sont plus utiles.

ACTE 1

... À JUIN 1884

Gabriel Dumont (Charles Bender) et Louis Riel (Gabriel Gosselin) exposent les entourloupes du gouvernement canadien. Crédit : Jonathan Lorange / Centre national des Arts.

Gabriel Dumont (Charles Bender) and Louis Riel (Gabriel Gosselin) expose the trickery of the Canadian government. Photo : Jonathan Lorange / National Arts Centre.

Ouverture / Overture / Grand Entry

Roulement de tambour. Jeu de lumières.

VOIX/HOVER

Bonsoir ! Seego ! Kwei-kwei ! Tanisi ! Bienvenue sur le territoire traditionnel des… (*À la femme-orchestre*) On est dans quelle ville ?

Elle répond tout en jouant de la grosse caisse. Le nom des peuples autochtones présents sur les territoires ancestraux et traditionnels où le spectacle a lieu est intégré aux salutations de Hover. Par exemple, à Tiohtià:ke / Mooniyaang / Montréal, Québec :

Bienvenue sur le territoire traditionnel non cédé des Kanien'kehá:ka !

À odàwàg / Ottawa, Ontario :

Bienvenue sur le territoire traditionnel non cédé des peuples anishinabewaki ᐊᓂᔑᓈᐯ, omàmìwininìwag et kanien'kehá:ka !

À sāskwatōn ᓵᐢᑿᑑᐣ / Saskatoon, Saskatchewan :

Bienvenue sur le territoire visé par le Traité nº 6, territoire traditionnel des peuples nēhiyaw ᓀᐦᐃᔭᐤ, niitsítapi ᖹᐟᒧᐧᒣᑯ, et očhéthi šakówiŋ, et patrie de la nation métisse !

À wīnipēk ᐑᓂᐯᐠ / Winnipeg, Manitoba :

Bienvenue sur le territoire visé par le Traité nº 1, territoire traditionnel des peuples anishinabewaki ᐊᓂᔑᓈᐯ et očhéthi šakówiŋ, et patrie de la nation métisse !

À Kephek / Teiatontarie / Québec, Québec :

Bienvenue sur le territoire traditionnel non cédé des Wendats et des Abénakis !

Bienvenue à toutes mes sœurs, à tous mes frères de toutes les nations ! Bienvenue dans notre passé, bienvenue dans notre

présent, bienvenue dans notre futur ! Bienvenue au *Wild West Show de Gabriel Dumont* !

À l'écran :

Le Wild West Show

avec

La musique évoque celle du générique d'un film d'aventure hollywoodien. Les artistes et leurs personnages sont présentés les uns après les autres. Quand le nom du personnage apparaît à l'écran, l'artiste qui le joue prend une pose correspondant au personnage en se servant d'un élément de costume ou d'un accessoire approprié.

Louis Riel	GABRIEL GOSSELIN
John A. Macdonald	DOMINIQUE PÉTIN
Général Middleton	CHANCZ PERRY
Montana Madeleine	KRYSTLE PEDERSON
Un chef nēhiyaw ᑐ‖Δᒡᐤ	ÉMILIE MONNET
Buffalo Bill	DOMINIQUE PÉTIN
Les maîtres de piste, Hover et Séguin	JEAN MARC DALPÉ et ALEXIS MARTIN
Virginie Fisher	KATRINE DENISET
La voisine de Buffalo Bill	ÉMILIE MONNET
Le chien de la voisine de Buffalo Bill	KRYSTLE PEDERSON
La faune et la flore	JEAN MARC DALPÉ et ALEXIS MARTIN
Le bison numéro 4	GABRIEL GOSSELIN
Nigel, Randy Q. White, Foule métisse, Soldat ontarien, Officier de la NWMP, Chorégraphe, Acteur noir de service avec entre 12 % et 22 % de sang autochtone, Négociateur gouvernemental	CHANCZ PERRY
Un orchestre complet	ANDRINA TURENNE

Starring...
CHARLES BENDER dans le rôle de Gabriel Dumont

*Le tonnerre augmente alors que le convoi du train de
John A. Macdonald approche.*
*L'éclairage aveugle momentanément le public,
comme un phare de train.*
L'affiche du Wild West Show *apparaît à l'écran.*

MONTANA MADELEINE
(*À la manière d'une trille*) Lalalalalalalalalalalalalalalalala!!
Tawnshii keyawow! Tawnshii keyawow?

Pis? Comment ça va, Tiohtià:ke / Mooniyaang / Montréal
(*ou odàwàg / Ottawa, sāskwatōn / Saskatoon, wīnipēk / Saint-
Boniface...*)?

They call me Montana Madeleine, me, because I am the best
shot and showgirl in all Montana. Lalalalalalalalalalalalalal!

My real name is Madeleine Parenteau. My family, they left
that Red River a long time ago. But my Métis blood, she's
calling me home.

niwahkōmākanitik. ᓂᐊᐦᑯᒪᑲᓇᑎᐢ. [Ma parenté.]

Please welcome your guides for this evening's spectacular
spectacular!
Roulement de tambour, jeu de lumière.
Your ring masters!
*Hover fait signe à Montana qu'ils sont occupés pour
l'instant; ils comptent de l'argent.*
*Montana regarde le public, puis revient aux maîtres
de piste:*
(*En mitchif*) Kakwayaho! [Dépêchez-vous!]

Kiiya! Kipayhtayn chiin? [M'entendez-vous?]

Itaahkamikaahk payhoo! [Le spectacle doit commencer!]
*Elle fait claquer son fouet. Les maîtres de piste
échappent l'argent.*

Vos maîtres de piste !

Roulement de tambour, jeu de lumière.

SÉGUIN

Mesdames et Messieurs, bonsoir !

HOVER

Ici le sergent d'armes Nathaniel G. Hover et son fidèle compagnon, le Dr Herménégilde Séguin, pharmacien diplômé des Écoles.

SÉGUIN

Ce soir, nous vous proposons une incursion...

HOVER

Une excursion...

SÉGUIN

Une plongée...

HOVER

Une... expédition...

SÉGUIN

Un périple...

HOVER

Une... une expédition...

SÉGUIN

... dans l'univers de l'Ouest canadien...

HOVER

... qui, comme on le sait, commence là où l'Est finit.

Un nouveau titre apparaît à l'écran :

Partie 1
L'Ouest des Métis / The Wild West

SÉGUIN
Le sergent et moi-même, spécialistes de la narration épique, proposons donc nos services pour relater...

HOVER
Dire...

SÉGUIN
Relayer...

HOVER
... dire !

SÉGUIN
Un épisode marquant de la constitution de notre beau et grand pays...

HOVER
Qui s'étend, comme on le sait, d'une *mare usque ad* l'autre *mare.*

SÉGUIN
Le sergent et moi-même aidons les Canadiens à se souvenir depuis bientôt cinquante ans, grâce à l'entreprise de narration épique HOVER et SÉGUIN.

Hover et Séguin ouvrent le couvercle d'un coffre pour découvrir l'affiche :

1-888-Narration canadienne
Hover and Seguin Ltd.

Musique publicitaire.

SÉGUIN (*En mode «pitch»*)
Timide ou à court de mots?

HOVER
Vous aimez pas l'*exposure*?

SÉGUIN
L'équipe de narration canadienne HOVER et SÉGUIN est là!

HOVER
Que ce soit pour illustrer un ethnocide ou une conférence constitutionnelle...

SÉGUIN
À l'occasion d'un mariage, d'un enterrement, d'un cocktail de financement, d'une bar-mitsva ou d'un toucher rectal...

HOVER
L'histoire du Canada vous est racontée par deux narrateurs de premier plan et pas chers pantoute.

SÉGUIN
1-888-Narration canadienne Hover et Séguin, service bilingue d'une mare à l'autre.

HOVER (*Rapidement, à la manière d'une publicité comportant divers avertissements légaux*) Hover et Séguin narration épique est une compagnie reconnue par le ministère du Patrimoine canadien et par l'Agence d'inspection des aliments.

> *La musique cesse. Bruits de vent.*
> *Images VIDÉO: des nuages, la plaine, des bisons.*

SÉGUIN
Imaginez un bivouac dans la prairie canadienne, la steppe infinie où paît le bison canadien...

HOVER
C'est-à-dire un feu de camp dans le champ où le gros bœuf mange de l'herbe.

SÉGUIN

Un peu de contexte historique, cher Hover?

HOVER

Oui : 1534, Jacques Cartier fait route par mer vers le Canada.

Images VIDÉO : la caravelle La Grande Hermine *de Jacques Cartier, puis un train.*

SÉGUIN

Mais rapidement, le premier ministre Macdonald, qui souffre du mal de mer, décide d'implanter un chemin de fer qui doit relier la côte ouest à la côte est du pays.

HOVER

Pour ce faire, en 1869, le gouvernement canadien ordonne un relevé cadastral des terres des Métis de la rivière Rouge ; Louis Riel prévient ses compatriotes du danger et ceux-ci vont bloquer un temps le travail des arpenteurs !

SÉGUIN

Mais l'histoire se répète en 1884 ! Cette fois-ci, on s'attaque aux terres des Métis de la Saskatchewan !

HOVER

Il faut organiser la résistance. C'est là que c'est épique !

Image VIDÉO : une carte du territoire en jeu qui correspond à la province de la Saskatchewan, Canada.

SÉGUIN

La propriété des terres devient une condition *sine qua non* de la survie de sa communauté... Sous ses allures frustes et un brin dépenaillées, ce sympathique bonhomme fourmille de projets ! Incarnant un sens de l'initiative bien canadien, ce rejeton des grands élevages de... céréales, cet adonis barbu, ce malabar des grands espaces, ce...

BANG ! Un coup de feu. Gabriel Dumont surgit, son fusil (le P'tchi) encore fumant à la main.

Gabriel Dumont
Bon, fini le niaisage !!! Vous-autres, là… grouillez !

Dominique/La comédienne (*En parlant de l'acteur qui joue Gabriel Dumont*)
Les nerfs, Charles Bender…

> *Hover et Séguin quittent la scène.*

Chancz/Le comédien (*Souffle ses lignes à Gabriel Dumont*)
La paarantii/

Gabriel Dumont
La paarantii kaayash ooshchi [notre famille aimante] nous attend ! Kaayaash ka achimoohk [l'histoire] de notte peuple mitchif oobor la rivyayr Saskatchewan icitte à Batoche…
> *Image VIDÉO : mouvement de la carte à l'écran.*
> *Région immédiate de Batoche : Traverse à Dumont,*
> *Duck Lake, Coulée-des-Tourond…*
… pour toot li moond.

Notre histoire commence ici, dans la boucle de la rivière Saskatchewan.
> *Image VIDÉO : l'échelle a changé et on peut*
> *maintenant voir une bonne partie de ce qui est le nord*
> *de la Saskatchewan : sāskwatōn* ᓴᐢᑿᑑᐣ */Saskatoon,*
> *kistahpinanihk* ᑭᐢᑕᐦᐱᓇᓂᕽ */Prince Albert,*
> *Battleford…*
Dans les années 1870 et 1880, les chefs cris, blackfoot, lakota, dakota et anishinabés sont conviés par la Couronne pour signer des traités.

> *Certains acteurs portent une tête de bison et entourent*
> *Gabriel Dumont. Dumont traverse le troupeau.*
> *L'actrice qui joue Montana Madeleine lit au micro le*
> *dialogue suivant en nēhiyawēwin* ᓀᐦᐃᔭᐍᐃᐧᐣ *(cri des*
> *Plaines). Il apparaît en nēhiyawēwin et en français à*
> *l'écran, surimposé à la plaine :*

CHEF 1

mistahi e-kīsewecik paskwāw-mostosak kāyās
kā-pimipahtacik! ᒋᓐᠸᐁᐃᐧᐊ ᐁ-ᑭᐩᐁᐱᒋ ᐸᓐᑲᐧᐅ-ᒧᓐᐒᓕᐩ ᑲᐩᓐ
ᑲ-ᐱᒣᐸᐧᐃᑕᒋᐩ! [Le grondement des troupeaux de bisons
pouvait être entendu pendant des jours!]

CHEF 2

e-kī-ohpwēyāpāhtēk māna askiy. tāpiskohc pistōsiw. kā-pe-
takoyāstahk! ᐁ-ᑭ-ᐅᐤᐍᐩᐸᐧᐁᐧᑿᐁᐅᐩ ᒪᓇ ᐊᓐᑭᐩ. ᒐᐱᓐᑎᐢ ᐱᓐᒍᐧᐃᐤ.
ᑲ-ᐯ-ᑕᑯᐩᐸᓐᑕᐤᐩ! [La poussière soulevée ressemblait à une
tornade naissante!]

CHEF 1

iskwēwak tāsahamwak omohkomāniwāwa. ᐃᓐᑫᐧᐊᐩ ᒐᐩᐧᐊᐟᐩ
ᐅᒍᐤᑯᒪᓂᐧᐊᐧᐊ. [Les femmes affûtaient leurs couteaux à
écorcher.]

CHEF 2

kāwī minahow māna nitāstemācihonān. ᑲᐅ ᒐᐧᐊᐤᐅ ᒪᓇ
ᓂᒐᐣᐅᒪᒋᐤᐅᐟ. [Les promesses de la chasse calmaient les
estomacs.]

CHEF 1

paskwāw mostosak pē-pāpahtāwak! ᐸᓐᑲᐧᐅ ᒧᓐᐒᓕᐩ
ᐯ-ᐸᐸᐤᑕᐧᐊᐩ! [Les bisons s'en viennent!]

CHEF 2

kāwī ta-paspenaw ekwa kotak pipon! ᑲᐅ ᒐ-ᐸᓐᐯᓇᐤ ᐁᑲ·
ᑯᒐᐩ ᐱᐳᐩ! [Notre peuple va survivre un autre hiver!]

*On entend une série de détonations, comme si des
milliers de munitions explosaient en quelques secondes.
Silence. Toute la troupe dépose les têtes de bison au sol.*

CHEF 2

akāmihk maskihkīw'tipahaskānink... ᐊᑲᒣᐤᐩ
ᒪᓐᑭᐤᐩᐳᐅᐟᐸᐧᐊᐣᑲᓂᐟ... [Pendant ce temps-là, au sud...]

Chef 1

kihci-mohkomānak e-kīpāskisowācik paskwān-mostoswak... ᑭᐦᒋ-ᒧᐦᑯᒫᓇᐠ ᐁ-ᑮᐹᐢᑭᓱᐚᒋᐠ ᐸᐢᑳᐧᐣ-ᒧᐢᑐᓴᐧᐠ... [L'armée américaine abat les troupeaux...]

Chef 2

tepiyā ohci owasakayawāwa e-manāhocik ! ᑌᐱᔮ ᐅᐦᒋ ᐅᐘᓴᑲᔭᐚᐘ ᐁ-ᒪᓈᐦᐅᒋᐠ ! [Pour leur peau !]

Chef 1

ōskaniwāwa ohci ! ᐆᐢᑲᓂᐚᐘ ᐅᐦᒋ ! [Leurs os !]

Chef 2

kiyām mīna e-kīn'pah'nohtekateyāhk. ᑭᔮᒼ ᒦᓇ ᐁ-ᑮᐣ'ᐸᐦ'ᓄᐦᑌᑲᑌᔮᐦᐠ. [Alors que nos estomacs se ratatinent...]

Chef 1

ēkwa nicowāsimisinānak kāmwātipayiwak. ᐁᑲᐧ ᓂᒍᐚᓯᒥᓯᓈᓇᐠ ᑳᒫᐧᑎᐸᔨᐘᐠ. [Et que nos enfants se taisent.]

Un négociateur gouvernemental entre, portant un document et une plume pour écrire. Il est habillé de façon excentrique : tissus fins, accessoires étincelants, plume au chapeau. Les chefs ne sont pas impressionnés outre mesure. Le négociateur invite les chefs à s'asseoir.

Chef 1

namwāc! kiyām ta-nīpaw'nān ! ᓇᒫᐧᐨ! ᑭᔮᒼ ᑕ-ᓃᐸᐤ'ᓈᐣ! [Non merci ! On préfère rester debout !]

Le négociateur hausse les épaules : « Comme ça vous chante... » Le négociateur danse avec les papiers et les plumes comme s'il dansait avec des talismans précieux.

Chef 2

namōya ka kī « mīyinān » kīkway makīkway ē tipīhtamēk ! ᓇᒨᔭ ᑲ ᑮ «ᒦᔨᓈᐣ» ᑮᑲᐧᕀ ᒪᑮᑲᐧᕀ ᐁ ᑎᐲᐦᑕᒣᐠ! [Vous ne pouvez pas faire l'aumône de ce qui n'est pas à vous !]

CHEF 1

namōya niwī pimātisin ta-kipowikawiyān! ᓇ◦ᓒᐧ ᓂᐧᐁ·
ᐱᒪᐅᑊᔫ ᑕ-ᑭᐳᐃᑲᐃᐧᔫᐧ! [Je ne vivrai pas enchaîné!]

CHEF 2 (*Sarcastique*)

kīspin kwekīskipitenāwāw askiy! kī-kakwe-kīskiptamek kīsik,
mīna!? ᐦᑊᐱᐤ ᖬᐦᐱᐦᐱᐱᓴᐅᖬᐧᐸᐧᐅ ᐊᐦᑊ+! ᐦᐸ-ᑲᖬ--ᐦᑊᐱᐊᖬᐤ ᐦᐱᐩᐧ,
ᒥᓇ!? [Vous divisez la terre? Pourquoi pas le ciel!?]

CHEF 1

makihkway ekwa ihtakon ta-mācītotamihk. ᒪᐊᒃᐦᑲᐩ+ ᐁᑲ·
ᐃᐦᑕᑊᐤ ᑕ-ᒪᐦᑊᐅᑕᒥᐦᐧ. [Il n'y a plus de gibier à chasser.]

CHEF 2

ohi «īskonikana» namōya ta-tēpi payinwa pipohki. ᐅᐦᐃ
«ᐦᐊᐦᑯᓇᑲᓇ» ᓇ◦ᓒᐧ ᑕ-ᑌᐱᐃ ᐸᑫᖬᐧ ᐱᐳᐦᑭ. [Vos rations ne
dureront pas un hiver.]

CHEF 1

tānsi ōma ta ēsi pimātisiyahk ōta? ᐦᔭᐩ ᐅᒪ ᑕ ᐁᐩ
ᐱᒪᐅᑊᔭᐦᐧ ᐅᑕ? [Quel avenir pour nous ici?]

*La North-West Mounted Police (NWMP) survient,
grotesque, autoritaire, pataude. Ils parlent dans des
mégaphones, s'exprimant avec arrogance. Entre un
officier, qui signale qu'il désire parler à l'un des chefs.*
    *Bruit de pas militaires qui accélèrent graduellement
jusqu'à la fin du tableau.*

OFFICIER (*Comme un corbeau*)

Ra!

CHEF 2

namōya ta kī pihtikwān-āwāw ōta mahtawi askīy! ᓇ◦ᓒᐧ ᑕ ᐦᐱ
ᐱᐦᐦᑊᑲᐧᐅ-ᐊᐊᐧᐅᐧ ᐅᑕ ᒪᐦᑕᐃ· ᐊᐦᐦᐱ+! [Vous violez un territoire
sacré!]

OFFICIER

Ra-ra-ra!

Chef 1

piko ta-kīsihtāyāhk nitisihcikēwinān ! ᐱᑯ ᑕ-ᑮᓯᐦᑖᔮᐦᐠ ᓂᑎᓯᐦᒋᑫᐃᐧᓈᐣ ! [Laissez-nous compléter la cérémonie !]

Officier

RA-RA-RA !

Les agents de la NWMP encerclent les chefs.

Chef 2

tānsi ōma ta-ēsi pimātisiyahk ōta ? ᑖᐣᓯ ᐆᒪ ᑕ-ᐁᓯ ᐱᒫᑎᓯᔭᐦᐠ ᐆᑕ ? [Quel futur pour nous, ici ?]

Climax sonore. Des coups de sirène de police.

Les titres apparaissent l'un après l'autre à l'écran :

Partie 2
La mission / The Mission

Pendant ce temps à Batoche...
Assemblée de la Lindsay School House
6 mai 1884

Des gens se pressent autour d'une maquette de l'école Lindsay, à Batoche, Saskatchewan, et elle s'illumine de l'intérieur. On entend hors champ le brouhaha des voix avant une assemblée : mélange de mitchif, de français, d'anglais...

SPENCE
C'est quoi l'avenir pour nous, ici ? C'est ça la question ! On peut pas rester assis à rien faire pendant que le gouvernement fait des plans à notre place !

CHARLES NOLIN
Ça prend des tchits qu'y ont de l'allure !

DOMINIQUE/LA COMÉDIENNE
Des chips ?

CHARLES NOLIN
Des tchitrrres. Ça prend des tchitrrres qu'y ont de l'allure ! On peut pas diviser ça comme les Anglais, en carrés fermés ! (*Réactions d'approbation*) Dumont, qu'est-ce tu dis de ça ?

GABRIEL DUMONT
Ça nous prend des terres à nous, des terres qui portent notre nom ! (*Brouhaha*)

Mais maudit, on va pas racheter des terres qu'on occupe déjà ! Le maudit Dominion répond pas à nos pétitions ! (*Le brouhaha s'amplifie*)

> *À ce moment, un arpenteur, habillé de façon contemporaine, surgit et plante une borne de mesurage. Un deuxième arpenteur entre en scène et tend un long fil blanc. Il tend le fil du cadastre au-dessus de la maison Lindsay. Tout au long de la scène, les arpenteurs, dont le travail est soigneusement chorégraphié, étirent un long ruban blanc qui représente les limites du cadastre. Les participants à la réunion se trouveront ainsi peu à peu emprisonnés par le ruban, emberlificotés, littéralement.*

Un inspecteur du Département des Terres, un nommé Pearce... y vient ici, y voit rien ici, y entend rien ici... y parle même pas français ! Son rapport tombe dans les craques du plancher à Ottawa. Rien depuis. Rien !!! Ça fait trois ans ! Moi, je pense qu'y a un seul homme qui peut nous aider avec Ottawa : c'est Louis Riel.

> *Un froid tombe sur l'assemblée. Un colon anglais intervient enfin.*

UN COLON ANGLAIS
Hold on ! Riel isn't allowed back anywhere in these parts ! He had a man executed in Manitoba !

CHRISTINE PILON
Riel a peut-être commis des erreurs, mais grâce à lui, le Manitoba est né.

> *Un brouhaha de voix se fait entendre pendant un moment. Cris de protestation, cris d'appui à Louis Riel. On entend « papiste ! » ou encore « vendu ! » Gabriel Dumont impose le silence.*

GABRIEL DUMONT

On va obliger personne ici ; mais ceux qui veulent contribuer à financer l'expédition pour aller voir Riel au Montana peuvent le faire. Les autres sont libres. On propose que...

CHRISTINE PILON (*Lisant*)

« Nous, les Métis français et anglais du Nord-Ouest, sachant que Riel a négocié une entente avec le Gouvernement du Canada en 1870, le *Manitoba Act*, avons pensé qu'il serait légitime d'envoyer une délégation rencontrer ledit Riel, afin de lui demander son aide pour mettre en forme nos demandes devant le Gouvernement du Canada. »

LA FOULE

On vote ! On vote !

> *Brouhaha. La foule vote à main levée. Les arpenteurs finissent d'emberlificoter tous les membres de l'assemblée.*

SPENCE

La proposition est acceptée à la majorité ! Quatre hommes sont désignés pour nous représenter auprès de Riel : Gabriel Dumont, Charles Nolin et Michel Dumas pour les Métis français, et James Isbister pour les Métis anglais.

GABRIEL DUMONT

On part le 19 de mai.

> *Tous poussent des hourras... Gabriel Dumont sort son grand couteau de chasse, soulève le ruban devant ses yeux et le tranche d'un coup vif.*
> *Les titres apparaissent l'un après l'autre à l'écran :*

Le voyage à Montana
Première étape : Le départ de
Batoche

CHARLES NOLIN

Sa lé partchi ben de bonheuur. Li pchi jour à notre gauche.
Facque pas une plume de la bookaan dans lii shiminii à
Batoche.

Maawachi kiimooch [en secret], toutes les homs à zhwall vers
Montana.

Noo awiiyuk [personne] de notre dizaine sa l'a été au sud si
loin.

Et pis Gabriel sa lé dans un drôle dj'humeur. Tout exchité.

Mamashkaatayhtamikh ! [Mère de Dieu !] J'crois qu'y'est
content de voir dju nouwo pays, d'aventchurer, moé tou.

Pis la mission sa lé t'important, sa l'ont besoin de mon cousin
Riel.

Une fois ben en selle, j'souris pis je regarde nager les
tchouleurs du soleil qui se réveille frapper le coulant de l'eau.

Li plan sa lé d'suivre la rivière vers le sud au moins jusque à
Saskatoon pour charcher lii otinamakay [les vivres].

Gabriel sa li figure quinze jours pour s'y rendre au Montana,
sept cents miles de voyage.

Dje l'autre bord de la rivière une baand de zwaal pas doontii
sa cours avec li vent.

J'aime voire lii nwaazh de terre tayhkay [s'envoler] à l'est !

J'aime à crouère que sa va arriver jusqua Ottawa et tomber
sur lii culottes à Macdonald.

Un nouveau titre apparaît à l'écran :

Deuxième étape : Dans la prairie

MICHEL DUMAS

Ici, la plaine a roule pas mal. Mais on y va tranquillement à
cause qu'on sait pas qui qui se cache de l'autre bord.

Pooyoo. [Stop.] Gabriel s'est arrêté d'un coup. Y'a sorti le P'tchi, paré à tirer. Pis y nous fait signe. L'autre bord du p'tit chemin, dans le fond de la coulii, les branches craquent sous un pied pesant.

C'est pas un lièvre ou une perdrix certain. Pis Gabriel, ooshtaa [il fait] il lance un cri de buff'lo. Nous autres on pensait avoir de la viande fraîche ce soir. Mais c'est pas un buff'lo dans la coulii. Une bande de Blackfoot, 't-être ben vingt zhommes. Eux autres aussi pensaient trouver un buff'lo t'seul pardu. Mais le seul buff'lo qu'y avait là, c'était Gabriel avec le P'tchi parés pour leur dire bonjour. Haha. Nous aut' itoo on était paré pour se battre avec c'te bande-là. Mais Gabriel y se met à parler dans leur langue. Gabriel, ils le reconnaissent comme le grand chasseur. Ils disent que la police était passée dans leur camp. Ils cherchaient des voyageurs, pis ils cherchaient Gabriel. Pis on sait c'est qui qui a envoyé la police. C'est le maudjit Lawrence Clark de la Hudson Bay. Clark, c't'un vrai chicaneur. Un chien de sa mère. (*Il crache*) Pis là, y veut arrêter not' mission pour Riel.

Un nouveau titre apparaît à l'écran :

Troisième étape : Les Cypress Hills

CHARLES NOLIN
Hier swayr, y a deux maudjits qui sont venus voler toute not' provisions.

Deux whisky runners qui ont bu toute la bwasson à nu zoot.

Sontaient saouls, saouls comme des Anglais. Gabriel, ça l'a choqué nwaer. Il souffle comme un tooroo. Il lève le P'tchi pis y vise la tête…

Gabriel Dumont lève son fusil en direction de Hover et Séguin.

HOVER
Une tête en particulier ?

CHARLES NOLIN (*Ignorant la question de Hover*)
Pis là, Gabriel leu dit de baisser leu culottes, de lever les bras dans l'air, pis sa va avec une corde, y les attache contre un arbre.
Hover et Séguin baissent leurs culottes.
Pis y les laisse là, tu-nu dans le milieu du bwa.

SÉGUIN
C'est pas la peine de raconter une épopée si c'est pour être désagréable.

HOVER
Moi, je trouve pas ça si mal. Ça rafraîchit la raie.

CHARLES NOLIN
Hey! qu'y dit Gabriel. Arrête de parler.

Pis là, on reprend toutes nos affaires, on les monte dans la charrette à Michel.

Hover pète en se penchant pour remonter son pantalon.

DOMINIQUE/LA COMÉDIENNE (*Avec dégoût, en s'adressant à l'acteur*)
Jean Marc!

CHARLES NOLIN
Gabriel fait craquer son fouette, pis on wayage.

Un nouveau titre apparaît à l'écran :

Quatrième étape : Le Montana

JAMES ISBISTER
Gabriel stops by a little lake feeding into the Missouri.

Nearly two weeks and we made it past the border.

Montana. From here on, it's a mystery.

We hope to reach the fork with the Sun River by night but the Missouri is wide and curving and the plains are slowly giving way to hill capes.

The horses tire quick from the climbs and the heat.

Gabriel has spotted a military convoy a mile ahead, and twice already we've had to duck inland into thick coulees to escape their knowins of us.

Progress is slow on this day but I'm glad so far I haven't had to translate Gabriel to no Yankee.

Tous rient sauf Dominique/La comédienne.

DOMINIQUE/LA COMÉDIENNE
J'ai pas catché la joke.

JAMES ISBISTER
We are two days' ride from St. Peter's Mission.

The moon is a bullet hole in the Montana sky. We boil water over our fire.

Louis is near.

Un nouveau titre apparaît à l'écran :

Dumont rencontre Riel –
4 juin 1884

Une grande croix est plantée sur une plaine du Montana. On entend un hymne, au loin. Émerge alors le bruit des cloches de l'église, qui rappelle le son des marteaux utilisés par les ouvriers des chemins de fer : clang ! clang !
    Louis Riel quitte la messe et s'approche de Gabriel Dumont, main tendue.

GABRIEL DUMONT
Louis Riel !

LOUIS RIEL
Vous avez fait un long voyage pour arriver jusqu'ici. Moi, je ne vous connais pas, mais vous semblez me connaître.

GABRIEL DUMONT

Mon nom vous dira p't-être quelque chose. Gabriel Dumont.

LOUIS RIEL

Gabriel, un messager de Dieu.

GABRIEL DUMONT

Un messager de la Saskatchewan, je dirais plutôt.

LOUIS RIEL

Je vous attendais.

DUMONT

Louis Riel, le peuple a besoin de vous. Le gouvernement canadien veut pas nous entendre. Nous, tout' ce qu'on veut, c'est protéger nos terres pis libérer les rations de grain pour les plus démunis.

LOUIS RIEL

La dernière fois que j'ai offert mon cœur à mon pays, c'était il y a quinze ans. Je suis prêt à le refaire.

GABRIEL DUMONT

Vous allez revenir au pays avec nous autres ?

LOUIS RIEL

Oui. Mais Gabriel...

GABRIEL DUMONT

Oui, Louis ?

LOUIS RIEL

Un jour, vous voudrez passer à l'action, et je vous dirai non. Vous voudrez foncer, et je vous dirai de rester. Que ferez-vous, alors ?

GABRIEL DUMONT

Je vas vous suivre partout, moi.

LOUIS RIEL

Vous êtes un Métis entêté, Gabriel Dumont.

Gabriel Dumont

Et vous, vous êtes le seul homme que je suis prêt à appeler chef.

Louis Riel

D'accord. Je dois finir de servir la messe, après nous partirons. Aimeriez-vous recevoir la bénédiction ?

Gabriel Dumont

Ça va être correct.

Louis Riel

Venez. Vous entendrez peut-être la voix de Dieu.

Gabriel Dumont

Si y vous parle à vous, Louis, c'est en masse pour moi. Finissez votre conversation avec le bonhomme en haut, pis moi je vas préparer notre voyage de retour.

Louis Riel

Le titre de chef est bien, Gabriel, mais j'en préférerais un autre.

Gabriel Dumont

Comme ?

Louis Riel

Qu'est-ce que vous pensez de « prophète sans domicile » ?

Un nouveau titre apparaît à l'écran :

Partie 3
Le retour / The Homecoming

*Gabriel Dumont et Louis Riel sortent. Les autres
comédiens entrent. Les maîtres de piste jouent aux
« chevaux ». Ils sont suivis de Montana Madeleine qui
porte à la taille deux étuis pour ses pistolets ainsi qu'un
fouet.*

MONTANA MADELEINE
Lalalalalalalalalalalalalalalalalala !!

> *Elle indique la sortie aux « chevaux » en jouant du
> fouet. L'un sort en galopant tandis que l'autre…*

HOVER (*Sortant de son personnage*)
Eh wô wô ! C'est juste du théâtre, câlisse !

> *Durant ce qui suit, les autres membres de la compagnie
> appuient vocalement les déclarations de Montana
> Madeleine.*

MONTANA MADELEINE
I am a Métis woman.

And yes, me, I make a good rabbit stew. But these white men
will not tell you my story.

DOMINIQUE/LA COMÉDIENNE
She makes a good rabbit stew but these white men won't
listen her story.

MONTANA MADELEINE
Me ? I tracked that rabbit. I shot that rabbit. I skinned it. I
made the fire to cook it. I tanned that hide and made these
beaded leggings me.

CHANCZ/LE COMÉDIEN
Independent woman! You go, girl!

MONTANA MADELEINE
And they won't tell you about how I can ride the wind, smell an elk ten miles away, and kill it with a word.

And what I do to the rabbit and elk, I can also do to beaver! To buffalo! To bear!

> *Parmi les voix des autres, on entend (comme dans le film* The Wizard of Oz*): «Beaver and buffalo and bear – O my! Beaver and buffalo and bear – O my! Beaver and buffalo and bear – O my!»*

DOMINIQUE
But these white men won't listen to her story.

MONTANA MADELEINE
Me. I'm Montana Madeleine!

I am a Métis woman! That means I am everything I need to be. Hunter, tracker, crack shot, and whip cracker, showgirl... survivor.
> *Changement de ton sur «survivor». Les autres l'écoutent autrement. Plus sérieusement. Impressionnés par sa prestance, sa détermination.*
My heart connects me to this land, to my relatives. To God.

I followed those two men – that Louis Riel and that Gabriel Dumont – all the way from Montana.

Something great, she is happening. A stand for our way of life.

niwahkōmākanitik. aniki nīso napewak ka kī we chaweychick «le *Wild West Show*». ᓂᐊᐦᑐᒧᑲᓄᑎᔅ. ᐊᓂᑭ ᓂᓱ ᓇᐯᐊᐧᔅ ᑲ ᑭ ᐁ ᓃᐊᐧᑌᐦᑎᐢᐠ «le *Wild West Show*». [Ma parenté. Mesdames et Messieurs, veuillez accueillir nos vedettes du *Wild West Show*.]

CHANCZ

I wish I understood what she was saying. It sounds so beautiful !

MONTANA MADELEINE

Gabriel Dumont ēkwa Louis Riel. ēwakwāniki kakeykneegakneechick. ᐁᐘᒁᓂᑭ ᑲᑫᐩᐠᓄᐁᑲᐠᓄᐁᐨᐦᐃᐨᐠ. [Gabriel Dumont et Louis Riel. Ceux qui nous mènent.]

Lalalalalalalalalalalalalalalalaḷa !!

Un nouveau titre apparaît à l'écran :

Le retour du fils prodigue

À l'orée de Batoche. Nos deux voyageurs, Louis Riel et Gabriel Dumont, entrent en scène en vélo tandem ; Dumont conduit. Numéro comique.

LOUIS RIEL

Dieu eut la main généreuse en daignant bénir le pays des fiers Métis !

GABRIEL DUMONT

Pense pas que Macdonald voit ça dji même.

LOUIS RIEL

Le roulement vallonneux du pays métchif, ces monts et ces coulées, la moire des prairies et des bosquets qui modulent l'horizon le long de la Saskatchewan… Jésus Dieu ! On dirait un foulard herbeux déposé délicatement sur le cou d'une femme.

GABRIEL DUMONT

Ben. Éhé. Te l'avais dit que c'était beau.

LOUIS RIEL

« Beau »… ? C'est bien timide pour souligner la majesté de cette terre et de ce ciel.

GABRIEL DUMONT

Qu'est-ce que tu veux que je te dise ? Moé, j'trouve ça…
«beau». Moi, les mots, Louis, on peut pas faire du pemmican
avec, fait que…

LOUIS RIEL

«Majestueux», Gabriel.

GABRIEL DUMONT

Majischuweux, ehé, Louis, ehé, majischuweux.
Louis Riel freine et stoppe le vélo.
Ah, Louis, qu'est-ce qu'y a encore ?

LOUIS RIEL

Je dois prier ici : c'est un sentiment irrépressible, je dois le
faire maintenant, Gabriel.

GABRIEL DUMONT

Louis, non, on s'est arrêtés en haut d'la dernière butte pour…

LOUIS RIEL

Pour reposer les chevaux.

GABRIEL DUMONT

J'te l'ai dit qu'y fallait mieux prier avant d'embarquer dans le
cart.

Avant de traverser la rivière, y a à peine quatre miles passés,
on s'est arrêtés juste pour ça, Louis.
*Louis Riel s'agenouille et entame une prière. Gabriel
Dumont fait les cent pas en marmonnant.*
Mais je vois Batoche, là !

LOUIS RIEL

Mon Seigneur, Seigneur tout-puissant, fils du Dieu éternel…

GABRIEL DUMONT (*Marmonnant*)

Et le v'là parti. Namoya. [Non.]

Deux semaines en wagon qu'on a faites ensemble…
J'espère qu'on a bien fait d'aller le qu'rir, lui. *Manitoba Act,
Manitoba Act,* c'est ben beau qu'y a réussi à le signer, son

traité, mais qu'est-cé que ç'a vraiment donné au fond, le maudit *Manitoba Act* ? Le fédéral a pas respecté les Métchifs pareil.

Riel, y va-tu être capable de rallier le peuple ? Pis s'y faut prendre les armes… ?

LOUIS RIEL
Pater Noster, qui es in caelis…

GABRIEL DUMONT
Bon ! Éhé !

Un nouveau titre apparaît à l'écran :

Batoche

Bruits de foule : musique et hourras. Nos deux voyageurs se trouvent sur le perron de l'église Saint-Antoine-de-Padoue devant une foule de Métis en extase.
Un temps. La foule attend. Longue pause.

GABRIEL DUMONT
Louis.

LOUIS RIEL
Gabriel ?

GABRIEL DUMONT
Euh, tu crois pas que… peut-être que… tu devrais dire quelques mots à la foule ?

LOUIS RIEL
Oui, je le crois aussi : mais afin de bien disposer nos interlocuteurs, il est préférable que tu m'introduises toi-même auprès de tes coreligionnaires ; seul un enfant du lieu peut annoncer que la Bonne Nouvelle est arrivée, sous l'espèce d'un Messager. Hum… ça prend un intermédiaire. Présente-moi…

GABRIEL DUMONT

Ça l'est toi qu'y veulent entendre parler. Moé, ça l'est la chasse, li militaire...

LOUIS RIEL

Écoute, mon vieux... j'ai un plan, pas de doute : mais bon sang, je peux pas... peux pas livrer sans préambule ! Ça me prend un petit élan...

Quelque chose du genre : « Mesdames et Messieurs, de retour après un exil de seize ans, le voici, le voilà, le thuriféraire de la rivière Rouge, le père du Manitoba, l'unique, le seul, l'incomparable Louis Riel ! »

On reste simple, quoi.

GABRIEL DUMONT

Ben là, j'parle pas dimême, moi...

LOUIS RIEL

Hum... Paraphrase, Gabriel.

Gabriel Dumont avance d'un pas. Louis Riel l'arrête et lui ajuste son manteau et sa ceinture fléchée.

Et, Gabriel : articulation ; projection !

GABRIEL DUMONT (*À la foule*)

Métchif...

Un temps.

Louis Riel !

Acclamation de la foule qui scande : « Louis ! Louis ! Louis ! »

LOUIS RIEL

Chers frères métis, cousins, sang de ma patrie ; vos cris de révolte, poussés par un vent complice tout le long de la Saskatchewan et du Missouri, sont arrivés jusqu'à moi !

Et ma tête résonne encore de l'écho malheureux qui brouille vos âmes et aigrit vos cœurs !

Mais je vous le dis, en vérité, je suis venu apaiser vos
souffrances et ranimer les forces vives de la nation métisse !

LA FOULE
Réaction. Réaction. Réaction...

LOUIS RIEL
Notre combat est juste ! Cette lutte, je la connais, je l'ai vécue
dans les années soixante-dix, à la rivière Rouge. Les hommes
blancs sont venus chez nous, armés de mensonges et de
fusils, afin de piller nos ressources, asservir nos frères indiens
et détruire notre mode de vie.

En soixante-dix, nous avons pourtant exposé leur malice,
nous avons fait trembler les frontons de leur palais et nous
avons signé le *Manitoba Act.*

> *Comme un magicien, Louis Riel fait apparaître le*
> Manitoba Act *du manteau de Gabriel Dumont.*
> *Réactions de la foule.*

LOUIS RIEL
Ce document nous promettait 700 000 hectares de terres.
Mais les Orangistes qui l'ont signé...

JEAN MARC/LE COMÉDIEN
Les osties...

LOUIS RIEL
... les fourbes...

JEAN MARC
Les câlisses...

LOUIS RIEL
... les menteurs...

JEAN MARC
Les tabarnaks !

LOUIS RIEL
... ces apostats...

Jean Marc

Les osties de câlisses de tabarnaks !

Louis Riel

… n'ont toujours pas respecté leur parole ! Rien ! Rien ne nous a été donné ! Rien de ce qui était à nous ne nous a été restitué ! Rien !

Il sort tissu rouge sur tissu rouge sur tissu rouge de la bouche de Gabriel Dumont.

Ils nous ont menti ! Ils nous ont volé ! Ils ont semé la discorde, ils ont sali notre langue, notre culture, notre foi ; tout ce que Dieu, dans sa bonté, avait donné au peuple métis, ils l'ont dégradé…

La foule

Réaction. Réaction. Réaction…

Louis Riel

Mesdames et Messieurs, je vous prie d'accueillir chaleureusement votre chef de chasse, Gabriel Dumont !

Louis Riel soulève le bras de Gabriel Dumont, à la manière d'un politicien. La foule crie.

Montana Madeleine entre en trombe sur la scène. Elle tire quelques coups de feu en se servant de ses pistolets.

Montana Madeleine

Enough ! That's enough ! These two clowns and their stunts !

Séguin

Stunts ?

Hover

Nous, ce qu'on fait, chère, c'est du spectacle !

Séguin

Ce qu'on offre ici sur cette piste, c'est du merveilleux ! La magie du théâtre !

MONTANA MADELEINE
It's not magic, it's cheap tricks! That one did not use tricks.
We trusted his words, him. That's why they were prophetic.
Louis Riel was a wise man, a Father of Confederation.

SÉGUIN
Oups, il nous en manquait un p'tit boutte.

MONTANA MADELEINE
AND... Gabriel Dumont was not a voiceless puppet. He
spoke seven languages, him. And all the nations listened.

HOVER
Sept langues!

MONTANA MADELEINE
The only language he didn't speak was «political mumbo-
jumbo».

HOVER
Madeleine, notre histoire va bientôt prendre une dimension
épique.

MONTANA MADELEINE
Exactly. We were all there. And not just the men!

Un nouveau titre apparaît à l'écran:

Les femmes de Batoche

Musique à la Mission: Impossible.
*Madeleine Dumont, Christine Pilon et Virginie
Fisher viennent rejoindre en piste Montana Madeleine.*

GABRIEL DUMONT
Mesdames...

MADELEINE DUMONT
Tut-tut, mon mari. Je sais qu'on est en 1884 et qu'il nous reste
pas mal de chemin avant d'avoir le droit de vote, mais ça veut
pas dire qu'on fait rien!

Christine Pilon!

CHRISTINE PILON
Oui, Madeleine Dumont !

Le maudit gouvernement nous pousse vers la guerre !

J'ai rédigé la dernière pétition, pis pendant votre voyage au
Montana, j'ai commencé la rédaction de la prochaine.

Virginie Fisher !

VIRGINIE FISHER
Merci, Christine Pilon !

J'ai la liste de contacts métis sur le territoire avec leurs
adresses.

Louis, on a planifié une première assemblée publique lundi
en huit à Prince Albert.

Christine Pilon !

HOVER
Ben là, on va pas laisser les petites bonnes femmes...

*Les femmes tournent la tête et regardent Hover, qui se
tait immédiatement et s'éloigne.*

CHRISTINE PILON
On sait que nos noms finiront pas dans les livres d'histoire,
n'est-ce pas, Montana Madeleine ?

MONTANA MADELEINE
That's right, Christine Pilon. But where would you be
without us, our mothers, our grandmothers ?

Christine Pilon !

CHRISTINE PILON
Sans nous, nos mères, nos grand-mères, y'en aurait pas de
nation métisse à défendre !

LOUIS RIEL
On est chanceux de vous avoir, Mesdames...

Dominique/La comédienne
You bet!

Louis Riel
... vous et vos talents.

La sincérité rassemblera ses appuis, et sous peu nous goûterons à ses fruits.

Madeleine Dumont
Sous peu, mais pas ce soir, Louis. Le ventre vide, une armée ne va pas très loin.

Montana Madeleine
Louis Riel, the women of Batoche have prepared a feast in your honour.

Christine Pilon
Du ragoût!

Virginie Fisher
D'la bannique!

Madeleine Dumont
Tous des produits de la terre des Métis pour accueillir notre Louis, qui est revenu en Saskatchewan!

Louis Riel
Mesdames, merci. Je salue votre sagesse et votre courage.

Montana Madeleine
And our ability to throw a party too! Music!

De la musique traditionnelle métisse commence à jouer.

Madeleine Dumont/Virginie Fisher/Christine Pilon
Lalalalalalalalalalalalalalalalala!

ACTE 2

JUILLET 1884 À MARS 1885

Les cavaliers de la Gendarmerie royale du Canada et leurs montures. Crédit : Jonathan Lorange / Centre national des Arts.

The horsemen of the Royal Canadian Mounted Police and their mounts. Photo : Jonathan Lorange / National Arts Centre.

Un nouveau titre apparaît à l'écran :

Partie 1
Fait frette ! / Winter Is Coming

Musique de party interrompue. Un grand vent hivernal.
Tous quittent la piste précipitamment pour se mettre
à l'abri du froid.
Hover et Séguin, qui portent d'immenses
parkas, entrent. Ils font un tour de piste comme des
mannequins lors d'un défilé de mode.

HOVER

Ben oui ! On est au Canada, hein ! Le beau temps ne dure pas éternellement. Un jour, les belles journées chaudes sur les Prairies cèdent la place à l'automne...

SÉGUIN

Puis les magnifiques journées pleines de couleurs aux abords de la rivière Saskatchewan cèdent la place à...

HOVER ET SÉGUIN

L'hiver ! L'maudit hiver !

HOVER

Et rallier des appuis en plein janvier sur les Plaines...

SÉGUIN

C'est tout un aria ! Comme le raconte bien cette chanson.

HOVER

Take it away, madame Buffalo.

En sortant, ils croisent Madeleine Dumont et Gabriel
Dumont qui s'installent devant leurs microphones pour
interpréter « C'est dur, la vie dans l'Nord », chanson
inspirée librement de « Baby, It's Cold Outside » de
Frank Loesser.

MADELEINE DUMONT ET GABRIEL DUMONT (*Chantant en alternance, Gabriel en premier*)

J'ai une mission
Oui mais, mon beau, as-tu vu dehors ?

Faudrait que j'm'en aille
Oui mais regarde, y neige vraiment fort

J'ai promis d'y aller
No way que j'le laisse nous quitter

D'sortir même à moins trente
Imaginez ceux qui passent l'hiver sous la tente

Louis va sûrement s'inquiéter
Riel, des fois, je veux le crucifier

Le Conseil risque de s'fâcher
On a plus de bois pour se chauffer !

Faudrait vraiment que là je bouge
Pis on sait qui blâmer !

Passe-moi mon manteau de rat musqué
C'pas une rime dans' toune de Hart-Rouge ?

La vie est pas facile
Quand on vit au fin fond des bois

Qu'la trame sonore, c't'un chant d'coyotes
Pis l'chauffage central, oublie ça

Quand l'eau courante, c'est un ruisseau
Partir dans l'Sud s'fait en canot

C'est dur la vie dans l'Nord
Quand on gèle dehors !

Bref numéro de claquettes de Séguin. Puis, deux Métis entrent en scène.

MÉTIS 1
Y'a une assemblée des fermiers à Prince Albert ! Riel t'attend
là-bas ! Ensüite il veut préparer la rencontre avec les Lakotas
de Wood Mountain.

MÉTIS 2
On a la nouvelle version de la pétition.

Les Métis sortent.

MADELEINE DUMONT ET GABRIEL DUMONT (*Chantant en
alternance, Madeleine en premier*)
Faut vraiment tu t'en ailles
    Oui mais, là c'est encore pire dehors

S'cuse, mais va falloir que tu sac' ton camp
    As-tu vu la neige qui tombe dehors ?

Envoye, sors-les, tes raquettes
    M'as caler jusqu'aux fesses, même en raquettes

C't à peine moins vingt
    Calvaire, y'est parti où, le chemin ?

Les fermiers veulent tous nous lâcher
    Les fermiers, tout c'qu'y font, c'est chialer

La Police montée va débarquer
    J'ai pas envie de me suicider

John Macdonald est un vicieux
    Laisse-moi un brin devant le feu

Shit, sers-toi pas un autre verre de fort
    C'est pas ma faute, c'est un blizzard !

Oublie pas ta mission
    Penses-tu vraiment que j'allais l'oublier

Faut qu'on la signe, la pétition
    T'as raison, je sais, je sais

Si on veut pas perdre notre chemin
    Nos terres, nos foyers pis nos maisons

Si on veut pas crever de faim
    Pis disparaître comme le bison !

C'est dur dans l'Nord
    Quand on gèle dehors

Quand on gèle dehors
    Oui, quand on gèle dehors...

Finale. Hover encourage le public à applaudir.

HOVER

Mesdames, Mesdemoiselles et Messieurs ! Enfants de tous
âges ! J'ai l'honneur de vous présenter le mondialement
renommé, le trompe-la-mort et maître des chats sauvages :
son excellence sérénissime, Mgr l'évêque Vital Grandin !!!

*Grandin fait son entrée. Il porte une soutane en
léopard ; ses accessoires sont ceux d'un dresseur de
fauves.*

GRANDIN

Mesdames et Messieurs, mes enfants. Silence, je vous prie,
silence !

Il nous faut un calme... absolu. Pour votre sécurité. Et,
surtout, pour la mienne ! J'ai parcouru le monde afin de
découvrir les bêtes les plus féroces, les plus sanguinaires.
Ces fauves peuvent sentir la peur en vous. Et, si c'est le cas,
Mesdames et Messieurs, mes enfants... si ces bêtes sentent la
peur monter en vous... elles passeront à l'attaque !

Mesdames et Messieurs, mes enfants, voici maintenant
les bêtes les plus sauvages, les plus indomptables. Voici les
MÉTIS des TERRITOIRES DU NORD-OUEST !

*Les Métis – dont Gabriel Dumont, Louis Riel et
Montana Madeleine – apparaissent, emprisonnés dans*

une cage, comme des fauves de cirque. Ils regardent
Grandin en silence, sans rien dire.
     Musique de cirque. Pantomime et petite
chorégraphie : Grandin veut les obliger à s'asseoir
« comme du monde ». Ballet absurde du bien s'asseoir.

GRANDIN
Vous voyez !!! Ils refusent de même s'asseoir convenablement !
Leur nature profonde est la négation de la civilisation.
Mais les civiliser, voilà ce qui nous est imparti, à nous, les
représentants de l'Église universelle et catholique ! L'Église...
cathotale ! Les délégués du Christ ! Les... !

LOUIS RIEL
Bien : j'aimerais dire quelque chose à ce sujet.

GRANDIN
Attends ! Avant que tu ne t'exprimes, je dois m'assurer que tu
comprends bien ce qu'est l'obéissance.

MONTANA MADELEINE
We're here, aren't we ?

GRANDIN
Que tu comprennes bien ce que sont ordre et patience.

GABRIEL DUMONT
Il nous insulte !

LOUIS RIEL
Nous exigeons/

GRANDIN
Vous exigez ?! En vertu de quoi ? Agenouillez-vous devant
Dieu et soumettez-vous à l'autorité du Gouvernement
légitime ! À genoux ! Maintenant !

     Les Métis n'en font rien.

LOUIS RIEL
Nous sommes la Nation. Et vous êtes à notre service.

Vous devez nous entendre ! Pas seulement pour les Métis et les Indiens, mais encore pour tous les peuples du Nord-Ouest !

GRANDIN

Arrêtez de crier ! Souviens-toi de préserver ton âme éternelle, Louis Riel !

LOUIS RIEL (*À Grandin*)

Remettez ça au gouvernement de John A. Macdonald.

Louis Riel lui tend une pétition.

GRANDIN

Qui es-tu pour me commander ?!

Grandin tente de fuir. Improvisation du comédien qui sort de son rôle. Dominique/La comédienne intervient.

DOMINIQUE/LA COMÉDIENNE

Eille, le Nouveau Théâtre Expérimental, on se calme le pompon.

Le comédien qui joue Grandin la remercie et quitte la piste.

OK, maintenant on laisse le vrai talent s'exprimer...

Dominique/La comédienne devient John A. Macdonald.

Tandis que le nom du personnage apparaît à l'écran (John A. Macdonald), Hover encourage le public à lancer sur lui des balles de papier qu'il aura préalablement distribuées. Mais John A. se complaît dans la révulsion qu'il inspire.

Les comédiens sortent de scène le décor du numéro des fauves. Puis un nouveau titre apparaît :

Pendant ce temps à Ottawa

Image VIDÉO : le bureau de John A. Macdonald.
Brève pause. Macdonald semble perdu dans ses pensées, qui sont interrompues par...

NIGEL

Monsieur le premier ministre ? Monsieur le premier ministre ?

JOHN A. MACDONALD

Vous voulez quelque chose... ?

NIGEL

Nigel, monsieur.

JOHN A. MACDONALD

Vous voulez quelque chose, Nigel ?
Nigel lui tend une feuille roulée.
Qu'est-ce que c'est ?

NIGEL

Une pétition, Monsieur le premier ministre. Ça vient de l'Ouest.

JOHN A. MACDONALD

Pas encore une autre pétition de malheur, Nigel ! J'en ai déjà quatre-vingt-deux dans mes tiroirs !

NIGEL

Quatre-vingt-trois, Monsieur.

JOHN A. MACDONALD

C'est pas important !

NIGEL

Je pense que c'est important pour les Métis, Monsieur.

John A. Macdonald déroule la pétition, qui est incroyablement longue.

JOHN A. MACDONALD

Encore Riel ?! Riel ? Je pensais qu'il s'était perdu dans les bois, lui !

NIGEL

Le peuple est allé le chercher, Monsieur le premier ministre.

JOHN A. MACDONALD
Le peuple !

John A. Macdonald continue de dérouler la très longue
pétition. Il fait les cent pas en lisant, de plus en plus
agité, la longue pétition traînant derrière lui.

JOHN A. MACDONALD
Des droits territoriaux ?! Des lois ?! Représentation selon la
population ? Il est FOU !

Enlevez-moi ça ! Et faites-la disparaître de ma vue !
Nigel commence à tirer la très longue pétition hors de la
scène.
Attendez !
John A. Macdonald coince le bout de la pétition sous
son pied, marche sur celle-ci en direction de l'aide en
lisant les noms.
Champagne, Dumas, Nolin, Dumont... Des rebelles, ils se
soulèvent de nouveau, ces bandits menacent de déchirer la
fibre de notre grande nation.

NIGEL
Des bandits, Monsieur ? Ce sont plutôt des chasseurs et des
trappeurs et/

JOHN A. MACDONALD
Il faut leur envoyer la Police montée, mon garçon ! Pour
empêcher cette nouvelle rébellion, plus dangereuse encore
que celle de soixante-dix...

NIGEL
Mais c'est juste une pétition, Monsieur, une façon de
commencer les négociations.

JOHN A. MACDONALD
Je ne négocie pas avec des terroristes.

Il faut tuer cette horreur dans l'œuf, we have to kill this
horror in the egg.

NIGEL
La Saskatchewan, c'est loin, Monsieur.

JOHN A. MACDONALD
On enverra la Police montée par le chemin de fer.

NIGEL
Mais le chemin de fer n'est pas fini.

JOHN A. MACDONALD
Il faut terminer le chemin de fer, doublons les effectifs ! Le sort de la nation en dépend !

NIGEL
Qu'est-ce que je fais avec la pétition, Monsieur ?

JOHN A. MACDONALD
Une pétition ? Quelle pétition ?

> *John A. Macdonald roule la pétition et sort avec celle-ci. Le chef Thatháŋka Íyotake (Sitting Bull) entre et s'assoit, entouré de membres de la nation lakota.*

LOUIS RIEL (*Au micro près de la femme-orchestre*)
Quelques vers de Louis Riel :

Sir Macdonald gouverne avec orgueil
Les provinces de la puissance
Et sa mauvaise foi veut prolonger mon deuil
Afin que son pays l'applaudisse et l'encense[1]

Mais
Le Sang sauvage en moi rayonne
Et je louange mes aïeux[2]

Je suis en butte à bien des haines
Ces haines voudraient m'enfermer

---

[1] Tiré du poème « Sir John A. Macdonald gouverne avec orgueil... » (1879) de Louis Riel. Voir *The Collected Writings of Louis Riel / Les écrits complets de Louis Riel*, vol. 4, *Poetry / Poésie*, Glen Campbell (dir.), Edmonton [amiskwaciy-wāskahikan ◁ᒥᐳᑦ᠋ᐸᑊᑊᐁᐅᑊ], University of Alberta Press, 1985.

[2] Tiré de « Le sang sauvage en moi rayonne... » (1874).

Et me charger les mains de chaînes
Pour m'empêcher de te servir
Ma douce contrée !
Pour m'empêcher de te chérir
Ma blonde adorée !

Pour nourriture
J'ai quelques fruits.
Et sur la dure
Toutes les nuits
Je me couche dans la froidure.
Triste et seul, au milieu des bois.
Du vent, j'entends le doux murmure.
Il me semble que c'est ta voix.
Ma douce contrée !
Il me semble que c'est ta voix, ma blonde adorée !³

Les titres apparaissent l'un après l'autre à l'écran.

Deux shamans sur Wood Mountain

Louis Riel rencontre le chef
Tȟatȟáŋka Íyotake (Sitting Bull)

Image VIDÉO : un ciel étoilé.

CHEF TȞATȞÁŊKA ÍYOTAKE
La Grande Mère Blanche te traite bien, on dirait.

LOUIS RIEL
C'est pas vraiment différent d'ici.

À l'époque, nous avions appris à vivre ensemble côte à côte
sur le même territoire. Mais la vie qu'on a connue a changé.
Je viens chercher votre appui. Il nous faut votre ténacité,
votre colère contre le gouvernement qui veut nous effacer,
nous et tous nos liens à notre terre ancestrale.

---

³ Tiré de « Que les gens d'armes... » (1873).

CHEF ŤHATȞÁŊKA ÍYOTAKE
Si on retourne là-bas, j'ai peur qu'une mort lente soit tout ce qui nous attende.

LOUIS RIEL
Faisons front commun, Ťhatȟáŋka Íyotake, et rien ne pourra nous résister. Les Lakotas seraient nos plus redoutables alliés et, avec les Cris et tous les autres… imaginez ! Voyez-vous tout ce qui est possible ?

Ceux de l'Est devront nous écouter. C'est eux qui sont fous.

CHEF ŤHATȞÁŊKA ÍYOTAKE
Un jour, j'ai rêvé que tu venais me voir.

Je vois beaucoup de choses, Louis. Ça t'arrive aussi. J'ai raison ? Nous sommes semblables.

Il y a un endroit, Frog Lake. Tu ne seras pas responsable de ce qui aura lieu là. Mais ça te poursuivra pendant longtemps.

Il y a une femme, une vieille femme, elle a faim. Elle supplie qu'on la tue car elle a compris qu'elle se transforme en wîhtikow Δ̇‖∩d° [Wendigo]… que l'esprit maléfique cannibale va bientôt la posséder.

Elle supplie qu'on la brûle sur un bûcher.

Celui qui décidera de tuer l'esprit cannibale qui la possède sera emprisonné pour sa part dans ta rébellion. Ce geste marquera le début du combat pour préserver votre lien au pays.

Nous nous battons par amour pour la terre, la nôtre, contre ceux qui viennent tout nous prendre, ceux qui ont une faim de wîhtikow Δ̇‖∩d°.

LOUIS RIEL
Oui. Je me souviens, enfant, de ma peur du noir, de ma peur des monstres, de ma peur de leur faim.

CHEF TȞATȞÁŊKA ÍYOTAKE

Toi et moi, nous savons que le Wendigo n'est pas une superstition. Son pouvoir est très réel.

Il reviendra au printemps.

Mais mon peuple ne pourra pas te suivre. Ce n'est plus notre heure. Il est trop tard.

Va, Louis. Va détruire leur Goliath cannibale en le brûlant.

Mais sois vigilant. Si vos femmes perdent espoir, tu seras perdu ; ta propre lumière, celle de ta nation, s'éteindra à jamais.

> *Ils se fixent dans les yeux. Louis Riel voudrait trouver un autre argument, mais... coup de sifflet pour indiquer que le spectacle doit continuer. Changement d'éclairage et d'atmosphère.*
>
> *On entend maintenant les accords d'orgue et les bruits d'ambiance d'une foule dans un aréna. Nos maîtres de piste se sont métamorphosés en René Lecavalier et Don Cherry, deux commentateurs sportifs canadiens légendaires.*

RENÉ LECAVALIER

Hé ben, bonsoir Mesdames et Messieurs !

Ici René Lecavalier et Don Cherry, en direct des Territoires du Nord-Ouest pour une soirée de roller derby !

Hé ben, Don, on peut dire sans crainte de se tromper qu'on a un match excitant en perspective ce soir !

DON CHERRY

Indeed we do, René. Indeed we do. The Métis troublemakers are looking to rile up the Indians to their side.

RENÉ LECAVALIER

Ils n'ont pas vraiment le choix de recruter d'autres alliés depuis que Sitting Bull a décidé de ne pas s'en mêler.

DON CHERRY

Now, that had to hurt.

RENÉ LECAVALIER

Riel et Dumont devront impérativement, comme dirait
César, faire enfiler le jersey métis aux chefs indiens.

DON CHERRY

I don't think the Indians are going to swallow that Métis one-
size-fits-all jersey crap, René.

RENÉ LECAVALIER

En effet, Don, voilà qui résume à merveille les enjeux de ce
match qui, comme dirait Goethe, est « spécial ».
    Sirène annonçant le début du match.
        Image VIDÉO : match de roller derby.
En ce moment même, Riel tente de leur faire enfiler le jersey
métis.

DON CHERRY

He's got to realize there's a gimongous fleur-de-lis on it.
With an Irish four-leaf clover and a what ? A harp ? Where's
something for the Cree ? No Indian's gonna like that. Even if
it is a handout.

RENÉ LECAVALIER

Eh ben, il semble que les Indiens sont sympathiques à Riel,
mais pas empressés de se rallier à sa cause.

DON CHERRY

Indians don't break promises, René. They signed a treaty.
They'll stick to it. (*Menaçant*) If they know what's good for
them.

        Bruits d'action du match. Cris de la foule.

RENÉ LECAVALIER

Oh ! flûte ! hé ben… Don ! Dumont déboule tout juste dans
la mêlée et varlope la face, comme dirait Schiller, d'un chef
cri avec un jersey métis. Il appert qu'il tente de le lui faire…
manger, Don !

Un autre chef cri s'interpose entre les deux hommes, il tente de calmer le jeu.

Bruits d'action du match. Cris de la foule.

Oh! mazette! Riel brandit une Bible dans leur direction!

DON CHERRY

While I like Dumont's spunk and desire to get into the corners, it's all gone to waste with Riel's preaching.

Bruits d'action du match. Cris...

RENÉ LECAVALIER

Oh là là, Dumont a immobilisé One Arrow avec une prise de tête.

DON CHERRY

That's more like it!

RENÉ LECAVALIER

Il semble que, somme toute, One Arrow va, en effet, porter le jersey des Métis!

DON CHERRY

He's in this now, whether he likes it or not.

RENÉ LECAVALIER

Eh ben, on peut affirmer sans crainte de se tromper que, comme dirait Mazo De la Roche, One Arrow est un vieux guerrier qui a vu passer beaucoup d'hivers, Don, et il ne pourra pas faire oublier aux Métis qu'ils ont raté encore leur chance d'enrôler les puissants chefs cris.

Buzzer – interruption de match. Fin des images VIDÉO.
Mesdames et Messieurs, nous allons maintenant prendre une pause afin de permettre à nos commanditaires de s'identifier.

Image VIDÉO : les logos des conseils des arts défilent, en finissant par celui de l'initiative «Nouveau Chapitre» du Conseil des arts du Canada qui clignote.
Veux-tu une 150, Don? La bière la plus amère jamais brassée au Canada.

Sur l'écran apparaît une Kiss Cam qui s'arrête sur deux membres du public. Improvisations de Don Cherry et René Lecavalier...

Sirène – retour au match. Image VIDÉO du match de roller derby.

RENÉ LECAVALIER
Nous sommes de retour. Une analyse, Don ?

DON CHERRY
What we've seen tonight, René, is a failure to strategize before picking a fight. Something you see in the French quite a bit.

RENÉ LECAVALIER
Je te demande pardon, Don ?

DON CHERRY
You know what I mean, René. You French aren't genetically built for fighting. You don't go into the corners. You don't use your elbows. This is a losing cause. It's game over already, and Riel there doesn't have the foresight to know it.

Un temps.

RENÉ LECAVALIER
Comme dirait Jeanne Mance, fuck you, Don.

Oh mais, trêve de balivernes, stop the press ! Don : quelque chose se lève à l'horizon des Plaines... Une tempête majeure qui, comme le dirait Pierre Elliott Trudeau, une tempête qui semble dire : FINI les FOLIES !

DON CHERRY
It's red, it's hot, and it burns ! It's Law and Order, René ! And I never leave home without it !

Un nouveau titre apparaît à l'écran :

Partie 2
Duck Lake

*Image VIDÉO : Carrousel de la Gendarmerie royale
canadienne.*
*Brusque changement de ton et d'atmosphère. Sur
une musique grandiose et pompeuse de western à
la sauce Hollywood, autour de 1955...*

VOIX (*À la manière d'une narration de film documentaire*)
Les cavaliers et leurs montures vous souhaitent la bienvenue.
The riders and the horses welcome you to the show. If you
see anything you like, please feel free to applaud : the riders
and the horses appreciate it.

La Gendarmerie du Nord-Ouest a été créée en 1873 pour
imposer l'autorité du gouvernement fédéral canadien dans les
Territoires du Nord-Ouest. Sa juridiction s'étendra jusqu'au
Yukon en 1895, jusqu'à la côte de l'Arctique en 1903 et au
nord du Manitoba en 1912.

*Tous sauf Gabriel Dumont entrent, déguisés en
chevaux. Il s'ensuit une brève (mais ô tellement
spectaculaire et ridicule !) chorégraphie parodique du
Carrousel de la GRC. Interrompue par...*

FEMME-ORCHESTRE
Gabriel Dumont, voilà la police ! Y sont ici pour vous arrêter,
toi puis Louis Riel !

*Gabriel Dumont apparaît et prend sa place en avant-
scène. Il commence à raconter l'histoire.*
Image VIDÉO : logo métis à la Batman.

GABRIEL DUMONT
On a sauti à ch'val t'suite.

J'ai placi mes hommes su' ain coteau qui donnait s'la plaine où la police aurait pu met' ses canons. J'avais yaenk vingt-cinq hommes à ch'val pis kekz hommes à pied pis on attendait la police, qui était maintenant cent vingt. Y z'en avaient du canon, euzaut'. On avait aine vraie bataille divant nous. J'avais donni l'ordre de pas tchirer – Riel voulait pas qu'on tchire les premiers. J'ai djit à mes hommes à ch'val di diiscendre dans li ravin, à l'abri du canon. On était parés.

Pour commencer, deux paires d'hommes se sont approchi l'un de l'aut'. Crozier pis un Métis anglais qui avait un fizii sont v'nus vers mon freyr Isidore Dumont pis un d'nos sauvages, Aseeweyin ᐊᔑᐍᐏᐣ. Aseeweyin y avait pas d'fizii. Le Métis anglais a essayé d'lui donni la main. Comme di raison, li sauvage a voulu arrachi l'fizii des mains du Métis anglais. Y lui faisait pas confiance. C'te Métis anglais-là – je cré ben qu'c'était John Dougall MacKay – ya tchiré un coup! Pis j'suis certain que c'est c'te coup-là qui a fait tomber mon freyr Isidore Dumont de son ch'val, raide mort.

Après ce premier coup, les hommes de Crozier ont lanci une décharge! Pis li sauvage, qui était mon freyr, a iti tchué. Pis c'est là que j'ai crié «À l'attaque!»

L'ambiance musicale est ponctuée par des sons de carabines qui se déchargent.

On a tchiré tant qu'on a pu!

J'ai déchargi li douze coups d'mon P'tchi pis je l'ai rechargi pour continui not' avance. Les Anglais voyaient toute leu morts, pis y ont commenci à recuuli. Y était temps. Jusque-là, leu canon avait empêchi mes hommes à pied de discend' li coteau, mais leu canonnier avait mis l'plomb avant la poud', pis ça marchait pus! HAH! Lis idjiots!

C'est là qu'mes hommes à pied ont commenci à lis encercli. Si yallaient fuir, les Nort Wess Mounted Police, y d'vaient traversi une clairière, alors j'ai sauti à ch'val pour faire culbuti des kapos rouges. J'pensais pas à m'cachi, pis jusse à ce moment-là, une balle m'a frappi dans l'crâne.

Image VIDÉO : sang qui éclabousse remplace le logo métis.

JOSEPH DELORME (*Aux autres*)
Gabriel a été tué ! Tué, j'vous dis !

GABRIEL DUMONT
Kouraj ! Heh ! J'ai pas perdu ma tête ! Chu pas mort !

Continuez à tirer ! On va les awer, ces maudits kapos rouges !

On entend d'autres coups de feu.

ÉDOUARD (*Aux autres Métis*)
Gabriel est encore avec nous aut'. À l'attaque !

LOUIS RIEL
Non ! Pour l'amour de Dieu, serrez vos armes.
Nous avons déjà perdu cinq vaillants Métis et tué au moins douze policiers.

Nous avons gagné. Trop de sang a été répandu aujourd'hui. Assez, Gabriel. Assez.

Gabriel acquiesce, fatigué.
Après chaque nom, un coup de tambour résonne.

FEMME MÉTISSE 1
Jean-Baptiste Montour.

FEMME DES PREMIÈRES NATIONS
Aseeweyin ⊲ᒪ∇∇·ᔆᐡ.

FEMME MÉTISSE 2
Auguste Laframboise.

FEMME MÉTISSE 3
Joseph Montour.

FEMME MÉTISSE 4
Isidore Dumont.

Une femme métisse chante. À la fin de la chanson,
Madeleine Dumont demeure seule sur scène avec

Gabriel Dumont. Elle s'occupe de sa blessure à la tête.
Ses gestes sont tendres.

MADELEINE DUMONT
Ta blessure est profonde, neecheemoose [chéri].
Brève pause, puis en colère...
T'as failli te faire tuer ! Refais-moé pus jamais ça !
Gabriel Dumont se met à rire.

GABRIEL DUMONT
OK, OK. Promis.

Ils rient tristement.

MADELEINE DUMONT
T'as été chanceux, mon homme.

GABRIEL DUMONT
Plus que mon frère Isidore, en tout cas.

MADELEINE DUMONT
Tapwe [c'est vrai]... Mais on a gagné la première bataille.

GABRIEL DUMONT
Cinq de mes Métis sont morts. La victoire est amère,
Madeleine.

MADELEINE DUMONT (*Aux femmes*)
Ladies !

Ammunition drive.

Il nous faut du plomb.

Il nous faut du fer blanc, de l'étain, du métal.

Tout ce qu'on peut faire fondre. Des casseroles, des boucles
de ceinture pis des poêlons.

Nails and tea tins.

MONTANA MADELEINE
Ammunition drive, ladies ! Any item you can spare !

Un nouveau titre apparaît:

Pendant ce temps à Winnipeg

Image VIDÉO: un bulletin de nouvelles en direct.

FOXY FOX NEWS
Good evening, Ladies and Gentlemen, my name is (*utilisant son vrai nom*) Chancz Perry.

VOIX DE LA PRESSE
Et moi, (*utilisant son vrai nom*) Katrine Deniset.

FOXY FOX NEWS
Breaking news – A battle at Duck Lake occurred on Thursday morning between the Mounted Police and the Rebels.

VOIX DE LA PRESSE
Jeudi matin, une bataille a eu lieu à Duck Lake entre les rebelles et la Police montée. Les hommes de la Gendarmerie, sous les ordres du Major Crozier, ainsi qu'une troupe de volontaires de la région de Carlton ont été attaqués par les Sangs-Mêlés. Au cours de la bataille – (*Avec Foxy Fox News*) OH MY GOD!!! – douze hommes ont été tués et onze blessés par les rebelles!!!

FOXY FOX NEWS
A halfbreed who was imprisoned by Riel... (*Avec Voix de la presse*) OH MY GOD!!!

VOIX DE LA PRESSE
Un Métis capturé par Riel qui a réussi à se sauver a déclaré que Riel a mille hommes prêts à se battre sous ses ordres!

FOXY FOX NEWS
OH MY GOD!!!

On craint que les policiers et les colons rassemblés au Fort Pitt aient été massacrés!!!

TOUS ET VOIX DE LA PRESSE
OH MY GOOOOOOOOOOOD!

Fin de la VIDÉO du bulletin de nouvelles.

*On entend quelques accords de « Eye of the Tiger »
de Survivor.*

*Image VIDÉO : chats qui boxent, puis scènes de
boxe.*

*On installe sur scène un ring de boxe ou de lutte. On
fait sonner la cloche comme au début d'une ronde.*

COMMENTATRICE 1

Et maintenant, chers amis, pour vous ici ce soir, en
exclusivité...

COMMENTATRICE 2

Le combat du siècle.

COMMENTATRICE 1

Et sachez que je ne vous parle pas d'un match de boxe selon
les règlements policés à l'anglaise, mais bel et bien d'une
bagarre bestiale à poings nus, un combat sans merci où vont
s'affronter...

COMMENTATRICE 2

Deux rêves.

COMMENTATRICE 1

Deux visions !

COMMENTATRICE 2

Dans le coin à notre gauche :

COMMENTATRICE 1

Le premier ministre aux poings d'acier...

COMMENTATRICE 2

Aux pistons d'acier...

COMMENTATRICE 1

Ceux qui font tourner la roue motrice du progrès...

COMMENTATRICE 2

Mesdames et Messieurs : la botte de fer de la civilisation !

COMMENTATRICE 1
John « La Locomotive » Macdonald.

> *John A. Macdonald entre sous les huées. Il est*
> *monstrueux : l'Insolence du Pouvoir.*
> *Jean Marc et Alexis/Les maîtres de piste habillés*
> *en « ring girls » entrent à la suite de Macdonald.*
> *Ils tiennent des panneaux « BOO ! »*

COMMENTATRICE 2
Et dans le coin à notre droite :

COMMENTATRICE 1
Gabriel « Le Métis » Dumont...

COMMENTATRICE 2
Gabriel « Le Sang-Mêlé » Dumont...

COMMENTATRICE 1
Gabriel « Le Sauvage » Dumont !

> *Gabriel Dumont entre sous les acclamations. Jean*
> *Marc et Alexis/Les maîtres de piste retournent leurs*
> *panneaux qui affichent désormais « APPLAUSE ».*

COMMENTATRICE 2
Qui vaincra et remportera l'âme du Grand Nord-Ouest ?

COMMENTATRICE 1
Messieurs ! Place aux insultes, injures et commentaires
disgracieux !

> *John A. Macdonald et Gabriel Dumont se rapprochent*
> *l'un de l'autre, se tournent autour. Ils sont nez à nez,*
> *comme des lutteurs de la World Wrestling Federation.*

JOHN A. MACDONALD
Pauvre sauvage.

Pauvre arriéré.

Pauvre nomade.

Pauvre tata. Ta foi en Riel me fait pitié.

Je te préviens, le sauvage : Nous allons te civiliser ou nous allons t'exterminer.

Ton choix.

Toi, ta famille, ton peuple… You're in my way.

> *Gabriel Dumont prend son fusil et vise John A. Macdonald.*

GABRIEL DUMONT
Ah ouais ? On est prêts.

JOHN A. MACDONALD (*Pas impressionné par le P'tchi*)
Qu'on leur montre ce qui les attend !

Corporal Randy Q. !

> *Tandis que Randy Q. White arrive sur la piste, le nom du personnage apparaît à l'écran :*

Corporal Randy Q. White

RANDY Q. WHITE
Yes, Sir ! Hellllllo ! Corporal Randy Q. White… at your service, Sir !

JOHN A. MACDONALD
Show them the mighty one…

RANDY Q. WHITE
With pleasure.

Hi y'all. How you doin' ?

What I have here is… my gun. (*Il élève haut son fusil en révérence*) She's a Martini-Henry breech-loading single-shot rifle, so I don't have to waste my time pumping powder down its throat like I'm stuffing a turkey.

I call her Victoria, cause now there's a lady with bite.

I love my Victoria, and my Victoria loves me.

I sleep with my Victoria, and she keeps me warm at night.

I can undress and redress my Victoria in 21.4 seconds; she likes it when I oil her barrel.

I can drop a fly at one thousand yards' distance. For you thicker ones in the crowd, that means I could catch the left eye off any one of you maggots.

So, cause I'm a kind-hearted man with an aptitude for the dramatic, I figured I'd give you all a little demonstration of Victoria's zeal. Jimmy! Jimmy! get your Irish ass in here with that prairie squash! Jimmy!

> *Jimmy, un soldat, entre avec une courge, la queue entre les jambes. Il se place devant une grande cible.*

JIMMY
Crap.

RANDY Q. WHITE
Ladies and Gentlemen, this here is Jimmy Fitzpatrick, rather green to the military, and honestly rather dim, but courageous enough to come out tonight and help me with this little display of military mastery. Jimmy, show some respect: greet the good people here...

JIMMY
Bonjour.

RANDY Q. WHITE
... and put that damn squash on your head!
> *Jimmy place la courge sur sa tête et ferme les yeux.*
And now, good people here tonight, this is how we uphold order in savage lands.

> *Il tire, la courge explose. Jimmy glapit. Randy fait une grande révérence.*

GABRIEL DUMONT
C'est toute? Hé ben... Gaudry! Ramène-toi par icitte!

Les Canadians jouent à éclate-légume!

Tandis que Gaudry arrive sur la piste, le nom du personnage apparaît à l'écran :

Gaudry, Métis Hunter

GAUDRY

Tchu commence ben gros, Randy Q.? (*Prononcé à la française*)

Gaudry, sa l'ai pas besoin dj'un fusil pour abatte une grosse courge djimême. Sa ça lé un job pour un bon couteau di chasse.

Il sort son couteau.

RANDY Q. WHITE

Gaudry! I thought you were busy picking fleas off your horse's ass, nice of you to stop by.

GAUDRY

Tchu me l'permet, Randy Q., di t'emprunter Jimmy pis sa courge?

RANDY Q. WHITE

By all means, Gaudry, but if you as much as nick a hair off his hairless Irish body...

GAUDRY

Tank you, Randy Q., mais t'inquiète, moé pi l'Jimmy sa lé chummy.

En Jimmy? Moé pi toé, sa lé serré comme une taupe pis son trou.

JIMMY

Ben voyons donc!

GAUDRY

Facque : la courge!

Jimmy replace la courge criblée sur sa tête. Gaudry prépare son lancer du couteau.

T'inquiète, p'tchi gars, Gaudry sa l'on tout d'ben pas donné di nom à son couteau, mais sa lé précis quand même... dis fois.

Il lance le couteau en plein dans la courge. Jimmy a peur. Randy Q. White sort en grommelant.

S'ti couteau-là, mon père sa mé la djonné. Gaudry sa li fait toute avec : d'la chasse à cuisine, raser la binette à li p'tchi bésoins médjicaux.

Randy Q. White revient sur scène, tirant un canon.

Oh Randy Q., tchu compenses là.

RANDY Q. WHITE

Let's not waste time with details, Gaudry here needs to understand where our might truly lies. Jimmy!

Jimmy, tremblant, replace une nouvelle courge sur sa tête.

Goddammit, Jimmy, we've done the squash bit already! We need to up the ante, where's your sense of showmanship? Get an apple!

Jimmy sort en pleurnichant. Il revient avec des pommes, s'en place une sur la tête.

There. Thank you.

Randy Q. White allume la mèche du canon. Boom! La pomme est disparue, seul demeure Jimmy. Randy caresse affectueusement son canon.

GAUDRY

Eh ben, Randy, sa m'a l'air pisant ton canon. Gaudry sa li voit pas li point : tchu va traîner sa su' li bank d'la Saskatchiwan? Pis pour une p'tchite pomme? Gaudry sa l'a sa Winchester. Presque pareil au P'tchi de Dumont : une lever action .44.

Jimmy, aie pas peur, Gaudry pis son fusil, sa l'a l'visou comme li corbeau... sauf quand sa lé tchiré d'atenchion par li vent, li oiseau, li bibitte, li problème à mison, li...

Oh, Jimmy, scuzé, Gaudry sa l'aura dju rien djire.

Il tire sans plus de cérémonie et atteint la pomme en plein cœur.

RANDY Q. WHITE
Well, Gaudry, I was hoping it wouldn't come to this...
Il sort de scène et revient aussitôt, tirant une mitrailleuse Gatling.
So : on loan from the Connecticut National Guard, my friend, I present you the Gatling gun !

ALEXIS/LE COMÉDIEN
C'est un accessoire du TNM ça ?

RANDY Q. WHITE
This baby can shoot two hundred rounds a minute.

ALEXIS (*Impressionné*)
Ayoye.

RANDY Q. WHITE
Jimmy ! Raspberry !

Gaudry, insouciant, sort un mousquet. Jimmy, suppliant Randy Q. White des yeux, place une framboise sur sa tête.

GAUDRY
J'en va te matcher avec un mousquet, sa lé pas vite vite... mais sa lé pratique. Tu vois, Randy, tchu peux mettre quasiment n'importe quoi là djidans, di clous, di boutons, di bouttes di jouets a tchon fils...

RANDY Q. WHITE
Let her buck, baby !

Randy Q. White active la manivelle en criant et riant tout à la fois. Un grand vacarme. Poussière. Lorsque le silence revient, il ne reste plus que la framboise, la mitrailleuse Gatling ayant anéanti la cible.

GAUDRY (*Criant à cause de la perte de son ouïe*)
Pas subtil. T'as toute frappé sauf la framboise, Randy.
Randy Q. White sort, furieux.
Ousque tu vas ? On fait rien que commencer.

Un titre apparaît à l'écran :

Partie 3
Tambours et trompettes / Drums of War

HOVER ET SÉGUIN (*Ils parlent en alternance, Séguin en premier*)
Pendant ce temps, dans les plus sombres recoins du bureau du premier ministre :

Complots ! Intrigues !

Stratagèmes et fabulations !

Cabales criminelles, manigances et manœuvres !

Ici règne la cupidité...

La stupidité...

Ici, on concocte appâts et pièges.

En d'autres mots :

ON MENT À CENT MILES À L'HEURE !

Comme d'habitude, quoi.

Vous connaissez la chanson.

Parlant de chanson... Take it away, (*nommant la femme-orchestre*) Andrina !

> *Dès le premier accord, un nouveau titre apparaît à l'écran :*

Pendant ce temps... à Ottawa

La femme-orchestre se met immédiatement à chanter son « John A.'s Blues ».

FEMME-ORCHESTRE (*Chantant*)

La caisse est à sec ; le CP, cassé.
Le rêve d'une nation déraille d'ins fossés !
Le Grand Capital aboie : 'Faut d'l'argent !
La démocratie avance trop lentement.

Mais derrière les portes, les boyz, tout se peut.
Leur belle rébellion est un cadeau des dieux.
Graissons plein de pattes et manigançons !
Les Métis vont mourir, vont suivre les bisons.

John A. Macdonald et Donald Smith entrent en scène.

DONALD SMITH

John, aide-nous à t'aider. Pour une poignée de dollars, c'est réglé.

JOHN A. MACDONALD

Le gouvernement est à sec, Monsieur Smith. On n'a plus une cenne.

DONALD SMITH

Engagez-nous pour transporter des troupes dans le Nord-Ouest pour qu'elles mettent fin au chaos.

JOHN A. MACDONALD

Le Parlement refuse de payer davantage pour la voie ferrée du CP. Cassés ! Nous sommes cassés !

DONALD SMITH

On verra. Van Horne !

Van Horne entre en scène.

FEMME-ORCHESTRE (*Chantant*)

V'là William Van Horne, le maître des pistons
Qui livre les troupes, balles, fusils, destruction
Ses trains traversent tout ce vaste continent
Tes problèmes s'en iront tant qu'tu l'paies comptant

VAN HORNE
I can deliver a thousand troops to Qu'Appelle, Saskatchewan, in ten days.

JOHN A. MACDONALD
Impossible. Au minimum, ça prend trois mois.

VAN HORNE
Nothing's impossible for an American businessman, Macdonald.

JOHN A. MACDONALD
Je suis votre serviteur, Messieurs.

DONALD SMITH ET VAN HORNE
Ka-ching !

JOHN A. MACDONALD
Qu'on m'amène le général Middleton.

Général Middleton entre en scène.

FEMME-ORCHESTRE (*Chantant*)
De l'Afrique du Sud aux aires boréales
Sa face est connue ; son nom est fatal
Y'en a massacré des bruns et des blacks !
T'as qu'à y remplir les poches, et y crie : À l'attaque !

Quelques notes du « Ô Canada », à la « Star-Spangled Banner » de Jimi Hendrix.

GÉNÉRAL MIDDLETON
General Middleton at your service, sir !

JOHN A. MACDONALD
Peux-tu nous débarrasser de ces barbares du Nord-Ouest ?

GÉNÉRAL MIDDLETON
I've buggered the bleeding wogs from Calcutta to New Zealand, sir !

JOHN A. MACDONALD
You can't call them wogs, General. That kind of language
is politically unwise. Current acceptable nomenclature
includes: Halfbreeds. Squatters. Frenchies. Dogans. Papists.
Mongrels. Savages. Wagon burners. But never call them wogs.

GÉNÉRAL MIDDLETON
A bleeding wog's a bloody wog, sir!

JOHN A. MACDONALD
Va voir Van Horne pour les détails.

GÉNÉRAL MIDDLETON
Let slip the dogs of war!

    Le train siffle.

FEMME-ORCHESTRE (*Chantant*)
Après avoir pillé leurs grandes plaines
Avoir craché sur leurs tombes de rebelles
John A. s'endort la nuit comme si de rien n'était
En se disant que ce n'était qu'une mission de paix!

    Le train siffle. Séguin et Hover entrent en scène.

SÉGUIN
Un vent d'enthousiasme souffle sur tout l'est du Canada;
quatre mille soldats iront dans l'Ouest.

HOVER
De la péninsule du Niagara à Halifax, des volontaires se
présentent pour combattre les rebelles.

SÉGUIN
Cent mille cartouches partiront de Kingston pour les
Territoires du Nord-Ouest.

HOVER
Les troupes du Québec arrivent à Winnipeg demain, suivies
de près par le régiment de Toronto, les Queen's Own Rifles.
Et...

SÉGUIN
Le général Middleton et ses troupes poursuivent leur avancée vers le Nord.

HOVER
Mais en les attendant, voici pour votre plaisir... (*À Séguin*) Va vérifier si (*utilisant le nom de la comédienne*) Dominique est prête.

SÉGUIN
Es-tu prête, Dominique ?

DOMINIQUE/LA COMÉDIENNE
J'suis prête !

HOVER
Voici, pour votre plaisir, nos princesses de l'Ouest. Swing those fringes, ladies !

Montana Madeleine rejoint trois autres femmes autochtones habillées en régalia sur scène. Elle joue du tambour. Les autres femmes chantent et dansent. Elles dansent pour le plaisir de la foule.
Pendant le chant traditionnel, on lit à l'écran le dialogue suivant :

Y a eu une bataille à Frog Lake... Neuf morts.

Quoi ?!

Arrête pas de danser ! Continue ! Neuf Blancs.

Des Blancs ?

Chut ! Là, danse, avant qu'ils se mettent à nous soupçonner.

Y a-tu du monde de notre gang qui sont morts ?
Non.

J'espère qu'ils ont tué l'agent local des Affaires indiennes !

C'est fait. Esprit errant l'a tiré dans la tête.

Tant mieux. Il le méritait. Il détournait la bouffe pour lui-même... un vrai corrompu !

Tant mieux ? Ben non ! Là, ils vont s'en prendre à nous.

S'en prendre à nous ? Mais nous autres, on a rien eu à voir là-dedans !

On est tellement dans' marde !

Ouais.

Elles terminent leur numéro et quittent la scène rapidement.
Le train siffle. Puis nous découvrons Louis Riel.

LOUIS RIEL (*Au micro près de la femme-orchestre*)
J'ai vu le géant :
il vient,
il est hideux.
C'est Goliath[4].

MONTANA MADELEINE
Dumont ! Ottawa is sending four thousand soldiers. What we need are allies !

Le train siffle.
Les voix de la presse se préparent à investir la scène...
Image VIDÉO : un montage des gros titres du journal Winnipeg Daily Times *défile, les exemplaires s'empilent...*
Durant les sections « gros titres » qui vont suivre, Montana va dans le public. D'une part, elle tente d'en faire des alliés en leur apposant des collants avec le symbole métis (symbole d'infini blanc sur fond bleu),

---

4   Louis Riel, « Journaux et calepins : 3–195. Journal. [Batoche]. [84/09/01 ?] –85/05/10 », entrée « 12 avril [1885] », dans *The Collected Writings of Louis Riel / Les écrits complets de Louis Riel*, vol. 3, *5 June / juin 1884 – 16 November / novembre 1885*, Thomas Flanagan (dir.), Edmonton [amiskwaciy-wāskahikan ᐊᒥᐢᑲᐧᒋᐧᐊᐢᑲᐦᐃᑲᐣ], University of Alberta Press, 1985, p. 366.

d'autre part, elle réagit aux gros titres qui ne sont pas vrais ou qui sont exagérés.

Gros titre :

Winnipeg Daily Times
3 avril 1885

VOIX DE LA PRESSE 1
Is it true, Sir, that all communications with Battleford were shut off by the Rebels cutting the telegraph wire?

Brouhaha.

VOIX DE LA PRESSE 2
Émilie Monnet pour *Le Droit* d'Ottawa : Est-il toujours impossible de communiquer avec Battleford depuis que les rebelles ont coupé les fils du télégraphe?

Brouhaha.

Gros titre :

Winnipeg Daily Times
5 avril 1885

VOIX DE LA PRESSE 3
Dominique Pétin, Radio-Canada : Pouvez-vous confirmer que... les Sioux de la bande du chef Bonnet blanc répandent la terreur partout au pays?

Gros titre :

Winnipeg Daily Times
7 avril 1885

VOIX DE LA PRESSE 4
Katrine Deniset, journal étudiant de l'Université de Saint-Boniface : Pouvez-vous confirmer la nouvelle du meurtre de l'agent Payne par des Assiniboines?

Gros titre :

Winnipeg Daily Times
8 avril 1885

Voix de la presse 5

Jean Marc Dalpé pour *Le Voyageur* de Sudbury : C'est bien
beau, mais quel est le rapport entre les agissements de
Riel et le Pentagone qui dit détenir maintenant la preuve
que Saddam Hussein possédait des armes de destruction
massive ?

Brouhaha.

Voix de la presse 6

Alexis Martin, Nouveau Théâtre Expérimental : Est-il vrai
que des tribus de Gros Ventres ont franchi la frontière
américaine pour se battre aux côtés des Métis ?

Brouhaha.

Voix de la presse 7

Gabriel Gosselin, radio communautaire du Manitoba : Est-il
vrai que Prince Albert devra capituler dans trois semaines en
raison du manque d'approvisionnement ?

Gros titre :

Winnipeg Daily Times
8 avril 1885 ; deuxième édition, 16 h 30

Voix de la presse 8

Charles Bender, *Rue Frontenac* : Est-il vrai que les Sauvages
de Milk River viendront appuyer Riel ?

Gros titre :

Winnipeg Daily Times
10 avril 1885

TOUS
INDIAN MASSACRE !

VOIX DE LA PRESSE 1
Fourteen or more persons murdered by bloodthirsty redskins at Frog Lake.

VOIX DE LA PRESSE 2
Mille Cris se trouvent présentement à l'extérieur des casernes assiégées de Battleford.

> *Sirène civile. Crescendo sonore : hélicoptères, sirènes, chaos.*

VOIX DE LA PRESSE 3
Deux missionnaires ont été massacrés par des Indiens de la région où ils œuvraient.

VOIX DE LA PRESSE 4
Saskatoon pillé par les rebelles métis.

Gros titre :

Winnipeg Daily Times
11 avril 1885

VOIX DE LA PRESSE 5
Battleford et Prince Albert supplient qu'on intervienne de façon urgente.

La situation est critique ; Battleford est complètement encerclé par les Peaux-Rouges.

> *On entend de moins en moins les journalistes, dont les voix se perdent dans le chaos. Ils parlent tous en même temps, les uns par-dessus les autres.*

TOUS
A MASSACRE AT FORT PITT.

It is reported that a massacre has taken place at Fort Pitt.

Une information circule voulant qu'un massacre ait eu lieu à Fort Pitt.

On sait qu'on a reçu une mauvaise nouvelle au quartier général, mais sa nature exacte n'a pas été divulguée et nous ne pouvons rien confirmer.

On croit par contre savoir que le pire a eu lieu dans le nord de la Saskatchewan...

... où des Cris, excités par les Métis, ont massacré et pillé les colons blancs !!!

MONTANA MADELEINE (*De la salle*)
Lalalalalalalalalalalalalalalala !

> *Puis, arrêt soudain de tous les bruits. Silence.*
> *Un danseur ou une danseuse autochtone de Fancy Dancing en tenue cérémonielle fait irruption sur scène et commence sa performance.*
> *Entracte.*

ACTE 3

MARS À NOVEMBRE 1885

En route vers le Montana où ils comptent rencontrer Louis Riel, les Métis surprennent deux voleurs. Crédit : Jonathan Lorange / Centre national des Arts.

On their way to Montana where they plan to meet with Louis Riel, the Métis come across two thieves. Photo : Jonathan Lorange / National Arts Centre.

Un titre apparaît à l'écran :

Acte 3
Mars à novembre 1885

Au retour de l'entracte, Hover et Séguin viennent saluer le public, puis...

HOVER (*Parlant en nēhiyawēwin*)
āti miyōskamin ēkwa ōta kā paskwāk ! ᐊᑎ ᒥᔨᐣᐲᒪᐤ ᐁᐸ ᐅᑕ ᐠ ᐸᐣᐹᐧᔾ !

SÉGUIN (*Traduisant*)
Le printemps dans les Prairies. Alléluia !

HOVER
kōna ēkwa tihkisōw pētakopimihāwak peyisīsak ! ᑯᓇ ᐁᐸ ᓂᐦᐱᔾᐤ ᐯᑐᐯᐱᒦᐧᐊᐊᐧᔾ ᐯᔾᐧᔾᐢᔾ !

SÉGUIN
La neige fond, les oiseaux chantent. Hosanna !

HOVER
kāwi ēkwa pokīkway mācipayin, okimāw askīy ohci, ēkwa
okihcitā iyiniwak mina ! ᑲᐃ ᐁᐸ ᐳᐱᐱ᛫ ᒪᒋᐸᔾ᛫, ᐅᐱᒦᐤ
ᐊᐣᐱ᛫ ᐅᐧᓂᐳ, ᐁᐸ ᐅᐱᐧᓂᒼᐨ ᐊᔾᓂᐊᐧᔾ ᒪᓇ ! [Les choses
recommencent sur la terre du chef et des guerriers !]

SÉGUIN
(*À l'acteur*) Fluidité remarquable, Jean Marc. (*Au public*) Un
temps béni, un moment de renouveau, et pour Dame Nature,
et pour le héros du jour !

Un nouveau titre apparaît à l'écran :

Partie 1
L'orage approche / The Storm Gathers

Louis Riel entre en scène sur un hoverboard coiffé d'une tête de bison et tenant le drapeau métis. On entend un chant, quelque chose de mystique et d'aérien. Les prêtres entrent.

LOUIS RIEL
Je vais entrer dans leur église et me soumettre à leur examen. Et ils entendront alors ma parole. Dieu est avec moi !

PRÊTRES
Sacrilège !

LOUIS RIEL
Dieu. Est. Avec moi !

PRÊTRES
Sacrilège !

Gabriel Dumont survient.

GABRIEL DUMONT (*Parlant en nēhiyawēwin*)
awas ōta ! ◁◁·ᶰ ▷⊂ ! [Allez-vous-en tout de suite !]

Une fois les prêtres sortis...

GABRIEL DUMONT (*À Riel*)
C'est pas toi, ça.

LOUIS RIEL
C'est comme ça qu'ils me voient. Qu'ils veulent me voir. Et c'est ce que je suis : un prophète, un blasphémateur. Et ils entendront alors ma parole, Gabriel. Ils DOIVENT entendre ma parole !

GABRIEL DUMONT

C'qu'y vont entendre, c'est mes balles leur siffler aux oreilles.

LOUIS RIEL

Ma parole, Gabriel. La raison pour laquelle tu es venu me chercher. Ce dont tu avais besoin. Ma parole. Ma parole, c'est tout ce qu'on a pour se défendre contre les gensses d'Ottawa, pour bâtir notre nation.

GABRIEL DUMONT

Je suis un chasseur. Un soldat.

LOUIS RIEL

Non, tu es un général.

GABRIEL DUMONT

Ils vont payer pour leur arrogance, les chiens...

LOUIS RIEL

Ne te laisse pas emporter par la violence et la haine, Gabriel. Va falloir, d'une façon ou d'une autre, négocier avec ce nouveau pays. Ce « Canada »...

> *Transition musicale. Ils sont maintenant dans le décor du quiz* Li Villaazh. *Des maquilleurs retouchent leur maquillage. Puis...*

RÉGISSEUR/MAÎTRE DE PISTE HOVER

En onde dans dix...

> *Image VIDÉO : le village !*

... neuf – huit – sept – six – cinq – quatre...

> *Il mime les trois derniers chiffres avec les doigts avant de pointer du doigt notre animateur. Jingle musical et jeu d'éclairage.*
>
> *Le régisseur/maître de piste anime la foule et suscite les applaudissements !*

ANIMATEUR

On est de retour dans (*avec le public*) Li Villaazh ! Nous sommes toujours en compagnie de Gabriel et de Louis, qui

s'affronteront dans cette grande finale. Ça va toujours bien, Messieurs ? (*Pas de réaction*) Alors, avant d'aller plus loin... voici ce qui est en jeu. Herménégilde !

Accompagné par un air musical de jeu télévisé...

HERMÉNÉGILDE/SÉGUIN
Oui, Charles. Alors, le gagnant de ce soir se méritera cette merveilleuse maison...

Image VIDÉO : une maison en rondins.

... deux étages en rondins de modèle pièce sur pièce. Le salon de la maison, d'une grandeur remarquable, vous permettra d'accueillir votre nombreuse parenté lors des soirées dansantes, une table de billard grand format, le village au complet pour former un gouvernement provisoire ou encore pour organiser une résistance armée. Cette maison est placée sur un lot de rivière double et offre une vue remarquable sur la rivière Saskatchewan Sud.

Fin de l'accompagnement musical.

ANIMATEUR
Merci, Herménégilde. Prêts pour les questions éclair, Messieurs ?

Le nom du commandant à la tête de la milice canadienne est ?
Buzzer de Gabriel Dumont.
Gabriel !

GABRIEL DUMONT
Frederick Middleton.

ANIMATEUR
Bon pour un point.

La milice canadienne s'est rendue dans l'Ouest par quel moyen ?
Buzzer de Gabriel Dumont.
Gabriel !

GABRIEL DUMONT
Lii train.

LOUIS RIEL
J'allais le dire, Charles.

ANIMATEUR
Le gouvernement provisoire métis se nomme... ?
Buzzer de Gabriel Dumont.
Vous êtes vite sur la gâchette, Gabriel. À vous.

GABRIEL DUMONT
Exovedate.

LOUIS RIEL
Désolé, Charles, mais mon bouton ne semble pas
fonctionner. Je connaissais la réponse, d'ailleurs c'est moi qui
ai trouvé ce nom.

GABRIEL DUMONT
Tchu veux tchi lii point, Louis ?

LOUIS RIEL
Je veux seulement me faire entendre.

ANIMATEUR
Louis, veuillez appuyer sur votre bouton.
On entend le buzzer de Louis Riel pour la première fois.
Tout semble fonctionner.

Prochaine question : parmi les troupes de Middleton, on
trouve un détachement du Royal Winnipeg...
Buzzer de Louis Riel.
Louis !

LOUIS RIEL
Royal Winnipeg Ballet, mon très cher Charles !

ANIMATEUR
Droit de réplique, Gabriel.

GABRIEL DUMONT
Royal Winnipeg Rifles Militia, les maudjits chiens.

ANIMATEUR
Bonne réponse.

L'arme la plus redoutable au combat est… ?

Buzzer de Gabriel Dumont.

Gabriel !

GABRIEL DUMONT
Gatling gun !

ANIMATEUR
Bonne réponse.

LOUIS RIEL
Mais non, c'est la colère de Dieu, bon sang !

ANIMATEUR
Désolé, Louis, mon carton indique…

LOUIS RIEL
Enfin, Charles, j'insiste. LA COLÈRE DE DIEU ! Il est tout-puissant.

ANIMATEUR
(*Recevant un message de la régie*) Bon, les juges m'indiquent qu'effectivement la puissance de Dieu serait plus importante que le Gatling gun. Désolé, Gabriel.

GABRIEL DUMONT
J'espère que oui, pis qu'y est du bord à nu z'aut'.

Transition musicale de jeu télévisé.

ANIMATEUR
C'est le moment de la ronde finale.

Voici la situation :
Ce qui suit est accompagné par une musique de film de suspense.

L'armée de Middleton se trouve à Clark's Crossing, à un peu plus de cinquante miles de Batoche. Vos scouts vous informent que l'armée compte maintenant presque mille individus, incluant des cavaliers et des grenadiers. En apprenant cette nouvelle, certains de vos hommes ont déserté. Vous vous trouvez maintenant avec une force d'un peu plus de deux cents hommes armés, parmi eux des vieillards et des garçons. Alors… Louis ! Gabriel ! quelle est votre stratégie pour sauver… ?

La musique cesse.

TOUS
Li Villaazh !

ANIMATEUR
Gabriel, comme vous en êtes à votre première participation à ce jeu, vous avez le premier droit de parole. Trente secondes, Gabriel. Top chrono.
Une dizaine de secondes s'écoulent sans un mot de Gabriel Dumont.
Gabriel, je vous rappelle que votre temps est limité.

GABRIEL DUMONT
Oui-oui, je pense à comment dire, là… Ben moé, je prendrais vingt hommes avec moé. On enlève le sh'min de feyr pour couper leu vivres. Pis on irait à l'entour du campe des Canadiens, les achaler toute la nuit. Après une coupe de nuites à les empêcher de dormir pis leu faire peur, sa se chicanerait entre eux z'aut'. Marchi.

LOUIS RIEL
Si on emploie les tactiques de guérilla que tu proposes, Gabriel, nous serons les agresseurs. De plus, je crains qu'en attaquant de nuit, on risque de blesser nos amis canadiens-français dans les rangs de Middleton…

GABRIEL DUMONT

Les Canadiens français, une fois payés, y sont pareils comme li z'autres *Canadians* de Middleton ! Pas de différence ! Un gun c't'un gun !

Montana Madeleine entre en trombe dans le studio.

MONTANA MADELEINE

Dumont ! Middleton's army is on the move. He's divided them up. Half on the north shore of the river, the rest on the south. They're the one's movin' up to camp at Macintosh's farms just south of les Touronds.

GABRIEL DUMONT

Maudjit !

Gabriel Dumont regarde Louis Riel. Moment de tension.

LOUIS RIEL

Très bien. Fais comme tu veux. Je prierai pour vous.

Gabriel Dumont quitte la scène, suivi par les autres.

Un nouveau titre apparaît à l'écran :

Partie 2
Du sang et des larmes / Blood and Tears

*Nouvelle musique de film de suspense… Entrent
Montana Madeleine, Virginie Fisher (enceinte),
Christine Pilon et Madeleine Dumont.*

MONTANA MADELEINE
Ladies and Gentlemen ! Hold on to your seats. There is
trouble at Fish Creek. Can you smell the battle fever ? The air
is pregnant with it.

The Canadian soldiers are only thirteen miles away from me
here in Batoche.

VIRGINIE FISHER
Les maudits goddams sont campés à côté de la ferme de ma
belle-mère, madame Tourond.

CHRISTINE PILON
Ils sont à moins d'un mile d'elle, mais elle dit qu'elle s'en ira
pas.

MONTANA MADELEINE
If I were a redcoat, me, I'd be afraid. Madame Tourond is one
fearsome woman.

TOUTES
Oh que oui.

MONTANA MADELEINE
Have we got any more metal for another batch of bullets after
this one ?

Brefs échanges de regards, puis…

CHRISTINE PILON
Y reste pu de plomb.

MADELEINE DUMONT
Y'en a pu une maudite bit!

MONTANA MADELEINE
Have we gone through everything?! Even the silverware?

VIRGINIE FISHER
Tout ce qu'il me reste c'est mon jonc...

MONTANA MADELEINE
Keep your rings. Gold is too soft. We need harder metals.

VIRGINIE FISHER
Si au moins on pouvait chasser.

CHRISTINE PILON
Ouais... moé, je crève de rage quand je pense aux enfants qui ont faim! J'ai comme de la fonte dans l'estomac! C'est lourd, pis ça brûle! Mon cœur brûle!

MONTANA MADELEINE
Nothing can crush that heart, Christine. Breathe.

CHRISTINE PILON (*Respirant un bon coup*)
Oui... je respire...

Elles inspirent toutes, un moment.

VIRGINIE FISHER
Ouais... je respire...

TOUTES
On respire, oui...

MADELEINE DUMONT
Ouais... on respire en attendant que nos dernières balles durcissent.

On attend...

Virginie Fisher
On attend...

Montana Madeleine
For Louis to come...

Christine Pilon
Qu'on nous dise enfin ce qu'il a de planifié !

Madeleine Dumont
On attend que les soldats attaquent...

Virginie Fisher
Que le petit naisse...

Madeleine Dumont
Que tout ça finisse enfin...

Toutes
On est écœurées. Écœurées d'attendre...

Virginie Fisher (*Prenant une balle*)
Celle-là, cette balle-là est pour Middleton ! Je veux que c'te balle-là lui traverse le cœur, son maudit cœur de pierre !
Amen.

Toutes
Amen.

> *Les femmes, inquiètes, se retirent durant ce qui suit.*
> *Une journée grise et froide. Au loin, on distingue des tirs de fusil, le hennissement de chevaux, des cris provenant des Métis, des ordres provenant des lieutenants canadiens et des coups de canons. Le bruit augmente en crescendo avant de sombrer dans un silence entrecoupé par quelques coups de fusil aléatoires. La nuit est tombée. On entend le son d'un incendie.*
> *Transition musicale vers un air qui accompagnerait un dîner aux chandelles.*
> *Image VIDÉO : un champ de bataille.*

Le général Middleton est assis à table devant un énorme steak saignant entouré de bannique. Son téléphone cellulaire (quelque peu anachronique) sonne sur l'air de « God Save the Queen ».

GÉNÉRAL MIDDLETON
Hello...

JOHN A. MACDONALD
Middleton, ole boy. How goes it?

GÉNÉRAL MIDDLETON
Mr. Macdonald. What an honour.

JOHN A. MACDONALD
Yes, I know.

I wanted to give you the ole ring-a-ding... pour savoir comment ça allait.

GÉNÉRAL MIDDLETON
Well, I'm fine, although the weather is quite dreadful. Thank you, Sir, for inquiring.

JOHN A. MACDONALD
Dans le cul, ta météo, Middleton. Parle-moi de la bataille! Pis, ces Métis, vous les avez écrasés?

GÉNÉRAL MIDDLETON
Yes! The battle was... It was fought, Sir. Our boys showed tremendous courage out there today. I'm very proud of them...

JOHN A. MACDONALD
Excellent. Donc on a gagné.

GÉNÉRAL MIDDLETON
Well... won wouldn't be the correct term. Definitely a hard-fought battle, Sir.

JOHN A. MACDONALD
Ah ben oui, ils ont convaincu les Sauvages de se ranger de leur bord...

GÉNÉRAL MIDDLETON
Oh, a few... I'd say there were at least sixty individuals in total.

JOHN A. MACDONALD
Frederick, êtes-vous en train de me dire que vous et vos huit cents soldats ont pas pu venir à bout' de soixante Métis ?

GÉNÉRAL MIDDLETON
They had very good cover, Sir, and a good shot despite their antique firearms. We may not have won, but most importantly, we did not lose, Sir.

JOHN A. MACDONALD
Maudite marde, Middleton. Pis nos pertes ?

GÉNÉRAL MIDDLETON
Ten dead, Sir, and forty-one wounded.

JOHN A. MACDONALD
Et chez les Métis ? Vous en avez tué combien ?

GÉNÉRAL MIDDLETON
Well, we found... five dead sir.

JOHN A. MACDONALD
Cinq. CINQ ? Vous avez tué juste CINQ MÉTIS ?

GÉNÉRAL MIDDLETON
And about fifty of their horses !

JOHN A. MACDONALD
HORSES ?!

GÉNÉRAL MIDDLETON
Sir, they are a feisty lot, these Métis. And our boys, despite all their courage, have a serious lack of military experience. But if you could spare any extra troops, it would most definitely speed things up.

John A. Macdonald raccroche.

GÉNÉRAL MIDDLETON
Sir ? Godammit. (*Appelant*) Soldier !

Un jeune soldat entre en scène.

SOLDAT
Yes, mon général.

GÉNÉRAL MIDDLETON
You're from Québec, you speak their language.

SOLDAT
No, Sir. I speak français. Dese sauvages, dey speak a dirty bastard français.

GÉNÉRAL MIDDLETON
Yes, but you could make out their gibberish now, couldn't you ? See if you can hack your way into the local networks and pick up any transmissions coming from the area. Perhaps we can figure out what these rebels are up to.

Tandis que Madame Tourond arrive sur la piste, le nom du personnage apparaît à l'écran :

Madame Tourond

MADAME TOUROND
Toé, mon maudjit, miiyin [donne-moi] c'qu'é t'à moé. Oota, dipayhtayn la tayr. [Ici, ma terre.] Toute partchii.

GÉNÉRAL MIDDLETON (*Figé de peur*)
What does she want ?

SOLDAT
Je sais pas pantoute, Monsieur.

MADAME TOUROND
Ma farm, les bêtes. Toé pis tes kapos, sa l'a tout pris. Astheure, miiyin mon chim de zhvaal pis mon carosse. Donne-lé.

SOLDAT
I tink she want her horsees back and da cart.

MADAME TOUROND
La Maamaa, malaad. Donne-lé!!

GÉNÉRAL MIDDLETON
By God, man, fetch her horse and carriage. Now!

SOLDAT
On va vous chercher vot' char, Madame.

> *Madame Tourond se trouve face au général. Ils regardent tous deux le steak de Middleton à moitié consommé.*

MADAME TOUROND
Is good?

GÉNÉRAL MIDDLETON
Beg your pardon?

MADAME TOUROND
My cow. My dead cow, is good?

> *Elle sort.*

GÉNÉRAL MIDDLETON
A bleeding wog's a bloody wog.

> *Un nouveau titre apparaît à l'écran :*

15 jours plus tard
Batoche – The Defeat

Les bruits de bataille recommencent. Montana Madeleine entre, suivie peu après par Christine Pilon, Madeleine Dumont et Virginie Fisher (enceinte).

MONTANA MADELEINE
Ladies and Gentlemen, it has begun! The soldiers, they have arrived in Batoche. They use cruel tactics, them. Many of our

houses have been burned to the ground. The women and
children have scattered and we are...
>   *Coup de feu!*
Stay down. I almost got my head blown off, me.

CHRISTINE PILON
>   Chut! chut, les chiens!

MADELEINE DUMONT
>   Ils sont très proches. C'est peut-être pas une bonne cachette,
>   Montana.

MONTANA MADELEINE
>   We can make it to the tree line, no? It's another three
>   hundred yards.

VIRGINIE FISHER
>   Je peux pu courir. Pu capable...

CHRISTINE PILON
>   Je reste avec elle. Prenez mon bébé.

MADELEINE DUMONT
>   Non! On reste ici, toutes ensemble...

MONTANA MADELEINE
>   We should wait till nightfall anyway.

MADELEINE DUMONT
>   Chut, chut.

>   *Elles tentent d'étouffer les bruits au maximum.
>   On entend un coup de feu. Le bébé pleure. Les
>   chiens jappent.*

CHRISTINE PILON/MADELEINE DUMONT/MONTANA
MADELEINE
>   Chut! je vous en prie! Silence!

>   *Brève pause, puis...*

MONTANA MADELEINE (*Au public*)

You are about to see scenes of great courage and cowardice.
niwahkōmākanitik ᓂ ᐊᐧᑳᒫᑲᓂᑎᐠ [ma parenté], may the
heroic actions of my people wake you up to the injustice
of our times, to the systemic racism built into the founding
Canadian...

> *Elle est interrompue par un historien orangiste qui sort
> d'un coffre.*

HISTORIEN ORANGISTE

Assez ! Enough ! Cease and desist !
> *Vers la régie...*
C'est assez, les effets sonores.

J'en ai assez entendu et je ne peux plus me retenir !

Mesdames et Messieurs, Ladies and Gentlemen, TOUT,
absolument TOUT ce que vous venez de voir est une
grossière manipulation de l'Histoire !

> *La comédienne qui joue Virginie Fisher enlève son
> costume de femme de Batoche, sous lequel elle porte les
> habits d'une historienne orangiste, et rejoint l'historien.*

DOMINIQUE/LA COMÉDIENNE (*Nommant avec reproche la
comédienne*)

Katrine !

HISTORIENNE ORANGISTE

Une supercherie concoctée par des gens qui veulent miner les
assises de cette belle nation qu'est la nôtre.

HISTORIEN ORANGISTE

Et nous n'avons pas l'intention de les laisser poursuivre,
car ils vont maintenant se lancer dans une entreprise de
dénigrement de nos glorieuses forces armées canadiennes.
Et cela, nous ne pouvons le permettre !
> *Les femmes protestent. Elles amorcent un mouvement
> pour repousser les historiens hors scène, mais ils se*

servent d'un sifflet pour appeler des renforts. Deux
soldats les rejoignent, puis...
Kick 'em out, lads. Kick those bloody papists out !

Les soldats repoussent les femmes.
Un nouveau titre apparaît à l'écran :

Batoche –
A Grand Victory for a New Nation

HISTORIEN ORANGISTE
Mesdames et Messieurs, Ladies and Gentlemen. Maintenant,
voici le VÉRITABLE récit des événements qui se sont
déroulés au printemps 1885 dans la région de Batoche,
où se sont réfugiés ceux qu'aujourd'hui on qualifierait de
terroristes.

HISTORIENNE ORANGISTE
Après une brève pause suite à l'escarmouche sans
conséquence de Fish Creek...

SOLDAT CANADIEN-FRANÇAIS
Là où les Métis nous ont donné une câlisse de volée...

HISTORIENNE ORANGISTE
... une pause qui aura permis l'arrivée des renforts de la
North-West Mounted Police, le général Middleton ordonne à
ses troupes d'avancer vers Batoche le 7 mai. En chemin, ils en
profitent pour prendre le contrôle des maisons, bâtiments, et
troupeaux pour préserver la sécurité de la propriété privée.

CHRISTINE PILON
Y'en profitent pour nous piller pis nous voler, tu veux dire.

Nouveau coup de sifflet de l'historien orangiste pour
la faire taire. Les deux soldats prennent une pose
menaçante envers les femmes, mais elles leur tiennent
tête. Pour le moment.

HISTORIEN ORANGISTE
Et voilà, Mesdames et Messieurs, un exemple de
révisionnisme historique de la part de ces gauchistes
socialo-écolo-artisses gratteux de guitare carrés rouges et
mythomanes !

Les femmes protestent.

HISTORIENNE ORANGISTE
Oui ! Des mythomanes ! Parce que c'est l'événement au
complet qu'ils réécrivent. Ce qu'ils veulent que vous
croyiez…

Un nouveau titre apparaît à l'écran :

Les vaillants Métis résistent
contre une force brutale

HISTORIENNE ORANGISTE
… tandis que la réalité, Ladies and Gentlemen, est plutôt
ceci…

Un nouveau titre apparaît à l'écran :

Les traîtres rebelles épuisent leurs
munitions face à la stratégie du
brillantissime Middleton !

Les femmes réagissent, insultées ! Elles sont repoussées
puis escortées hors de la scène par les soldats.
Un nouveau titre apparaît à l'écran :

Orange Lodge Meeting in Mess Hall.
All Orangemen Must Attend.

VOIX
Orange lodge meeting in the mess hall. All Orangemen must
attend, all Orangemen must attend.

*Les historiens allaient poursuivre mais quittent plutôt
la piste d'un pas pressé.*

Un nouveau titre apparaît à l'écran :

Batoche

12 mai 1885 – 14 h 45

Joseph Ouellette entre en piste.

JOSEPH OUELLETTE
J'as mon premier fusil à huit ans. Kishkayhtum [J'ai appris]
à tirer avant j'as appris à marcher ! Ça va faire quasiment
cent ans de shash. Marsi au Bon Yeu pour toutes lis zanimoo,
aashahkaye [nourrir] ma famille, pis me défendre.

GABRIEL DUMONT
Venez-vous, son père ?

JOSEPH OUELLETTE
Aey zhenn nom ! [Jeune homme !] J'cré ben que j'va tirer
encore deux ou trois Anglais avant de partir d'icitte !!

Un nouveau titre apparaît à l'écran :

Joseph Ouellette, 93 ans

Joseph Ouellette tire un dernier coup avec son antiquité.
Il cherche, mais ne trouve plus de munitions.
*Il rencontre un soldat avec une carabine munie
d'une baïonnette.*
*Joseph Ouellette reçoit un coup de baïonnette dans
le ventre.*
Il la retient, empêche le soldat de la retirer.

JOSEPH OUELLETTE
T'es qui, toé, qui me tue ?

SOLDAT ONTARIEN
Euh. Sorry ?

JOSEPH OUELLETTE

Moé, ma mère était Saulteaux, pis mon père, un Canayen né à l'ombre du mont Royal. Toé ? T'es qui, toé, pour me tuer ?

SOLDAT ONTARIEN

Euh. English ?

Joseph Ouellette prend une dernière grande bouffée d'air et...

JOSEPH OUELLETTE

J'ai quatre-vingt-treize ans etchiboy, pis j'te demande : Who da hell are...

Mais il meurt avant de pouvoir terminer sa phrase. Lentement, délicatement, le soldat retire sa baïonnette du cadavre de Joseph Ouellette, qui choit rudement au sol.

SOLDAT ONTARIEN

Oh, shit. Sorry. Sorry, mister.

HISTORIEN ORANGISTE

Hip, hip, hip... ! (*Pas de réponse*) Hip, hip, hip... ! (*Toujours pas de réponse*)

Changement d'éclairage. La femme-orchestre chante...

FEMME-ORCHESTRE

C'est en plein cœur du mois de mai
Sur la rivière Saskatchewan
Que li gens libres les Bois-Brûlés
Pour se défendre ont pris les armes

En plein cœur mai quand tout fleurit
Aux abords d'la Saskatchewan
Sang rouge métis tache la Prairie
Où d'vait pousser foin, blé, avoine

En plein cœur mai cent ans plus tard
Du sang versé par les Goddamns

Moi l'Métis m'en souviens encore
Aux abords d'la Saskatchewan

> *Image VIDÉO : une photo d'archives d'un Métis mort
> ce jour-là.*

Aux abords d'la Saskatchewan
En plein cœur mai on prit nos armes
On s'est battus cont' les Goddamns
Sur la rivière Saskatchewan

> *Bref silence, puis un très long et très fort sifflement de
> train.*
> *Plus rien ne pourra entraver son arrivée ni celle du
> Progrès.*

Un titre apparaît à l'écran :

Partie 3
Renaissance / From Defeat to Rebirth

Une coulée dans les environs de Batoche. Le jour tombe.
Un temps.

Louis Riel
Je suis content que tu sois encore vivant.

Gabriel Dumont
Y'en a un tas qui le sont pus.

Louis Riel
Tu devais savoir qu'on perdrait si on s'armait[5].

Gabriel Dumont
Un pari qu'il fallait que je prenne.

Louis Riel
Vraiment ?

Gabriel Dumont
Tes prières nous ont pas sauvés.

Louis Riel
L'Histoire n'a pas dit son dernier mot et Dieu est patient.

Gabriel Dumont
Tu crois ? Malgré les cadavres de nos Métis dans nos tranchées ?

Louis Riel
Les soldats arrivent. Va chez nos amis, traverse la frontière au Montana.

---

[5]   Cité dans Frederick G. Walsh, *The Trial of Louis Riel*, Fargo, ND, North Dakota Institute for Regional Studies, 1965, p.72 ; traduit pour cette édition par Jean Marc Dalpé et Alexis Martin.

GABRIEL DUMONT
Tu veux que je m'enfuie comme un lâche, comme un petit cayoute?

LOUIS RIEL
Tu es le Grand Chef de la chasse. Tu es le messager.

GABRIEL DUMONT
Pis mon message, c'est quoi? «Alléluia, Seigneur, on a perdu»?

LOUIS RIEL
Pour le moment.

Un temps.

GABRIEL DUMONT
On part ensemble d'abord.

LOUIS RIEL
Non.

GABRIEL DUMONT
Ils vont te tuer.

LOUIS RIEL
Je suis celui qu'ils veulent. Quand mes ennemis m'auront pris, ils se réjouiront. Mais mon peuple sera laissé en paix et justice leur sera rendue[6].

GABRIEL DUMONT
Un martyre.

LOUIS RIEL
La volonté de Dieu.

GABRIEL DUMONT
Encore la foi.

---

6 Cité dans Sharon Stewart, *Louis Riel : Firebrand*, Toronto [Aterón:to/Tkarón:to], Dundurn Press, 2007, coll. «Quest Biography», p.135 ; traduit pour cette édition par Jean Marc Dalpé et Alexis Martin.

LOUIS RIEL

T'es surpris ? (*Un temps*) Ta tête. T'as recommencé à saigner.

GABRIEL DUMONT

J'ai le crâne d'un bison. (*Secouant la tête*) On a-tu faite une folie, Louis ?

LOUIS RIEL

Il nous faut être patients, Gabriel. Et rusés.

Un temps.

GABRIEL DUMONT

J'vais revenir te chercher.

LOUIS RIEL

Déguerpis.

Les Canadiens sont tout près.

Mon frère.

Mon fils.

Ils s'immobilisent comme des statues.
Les deux maîtres de piste viennent les rejoindre,
puis...

SÉGUIN

Je sais ce que vous êtes tous en train de vous dire...

HOVER

Après la Bataille de Batoche, comment vont-ils faire pour nous empêcher de bâiller en regardant nos montres ?

SÉGUIN

Un numéro de lasso fera pas l'affaire.

HOVER

Une chanson de cowboy sera pas à la hauteur.

SÉGUIN

Messieurs, Dames... il n'y a qu'une façon de réussir notre dénouement! Pour remplir une salle, quoi de mieux qu'un bon lynchage?

HOVER

Hit it, boys!

Louis Riel sort. Des camelots traversent la scène et la salle en criant les grands titres de journaux.

CAMELOT 1

« Riel capturé! Rébellion écrasée! »

CAMELOT 2

« Dumont arrêté! »

CAMELOT 3

« Le bras droit de Riel a été arrêté mercredi en sol américain! »

CAMELOT 4

« Dumont relâché par les autorités militaires des États-Unis! »

Un titre apparaît à l'écran:

Quelque part au Montana

Buffalo Bill entre.

BUFFALO BILL

I'm not the kind of man who begs, Sir.

À l'écran apparaît le nom du personnage:

Buffalo Bill Cody, Producer

I am offering you a lead role in my *Wild West* show. En ce moment, j'ai des guerriers indiens, des squaws, des voleurs de banque pis de train, des ex-shérifs pis des assassins. J'ai Annie Oakley et j'ai même le grand Sitting Bull en personne pour mes matinées! J'ai tout ce qu'il me faut pour impressionner nos amis de Wall Street et de la côte Est. Ce qui me manque,

c'est toi : un vrai de vrai révolutionnaire certifié cent pour
cent révolutionnaire. Qu'est-ce que tu me réponds ?

GABRIEL DUMONT

J'suis pas acteur.

BUFFALO BILL

J'en veux pas, d'acteurs. J'veux que tu nous fasses ce que tu
sais faire, comme viser l'œil d'un vautour à trois cents verges
pour le descendre d'un coup, bing ! Pis monter à cheval
comme si t'étais venu au monde dessus. T'es-tu capab' de
tirer l'œil d'un vautour à trois cents verges ?

> *Gabriel Dumont suit un vautour avec son arme. Dès
> qu'il est au centre : coup de feu ! Un oiseau noir tombe
> du plafond, suivi de plumes.*

BUFFALO BILL

Hot damn, Sir, hot diggity damn ! Tu vas leur en donner
tout un show, à ces messieurs dames de l'Est, un show qu'ils
n'oublieront pas de sitôt.

GABRIEL DUMONT

Il me reste des affaires à régler dans le Nord-Ouest.

BUFFALO BILL

Le Canada, c'est de la petite gomme, Monsieur Dumont.
Le Canada, c'est un pistolet de poche miniature qui traîne
au fond de la sacoche d'une demoiselle. Aux États, on se
promène avec des Magnum .44 à nos ceintures. Au Canada,
ta bande d'Inuits perdus su' leur banquise sont déjà en train
de t'oublier. Mais viens jouer dans *Buffalo Bill's Wild West*
and I'll make you a star. Le monde entier va entendre parler
de tes Métis, de comment ils ont chevauché les Plaines,
les ont traversées d'est en ouest et du nord au sud pendant
des décennies, tous fiers et forts et aussi indomptables et
courageux qu'Ulysse. Montez à bord, Monsieur Dumont. On
part ce soir pour la ville de New York.

Buffalo Bill lui offre sa main. Brève hésitation. Puis Gabriel Dumont la lui serre.

GABRIEL DUMONT (*Au public*)
Le showbiz. Eh crisse...

Un nouveau titre apparaît à l'écran :

Fin de partie / Endgame
Ottawa

Buffalo Bill devient John A. Macdonald ; les autres personnages entrent.

JOHN A. MACDONALD
Avec votre chemin de fer, vous avez sauvé le pays, Monsieur Smith. Vous avez sauvé le Canada en réglant leur compte aux Sang-Mêlés, vous l'avez sauvé en éliminant la menace de l'expansionnisme américain et, ce faisant, vous l'avez aussi sauvé du Parti libéral. Nous vous devons beaucoup.

DONALD SMITH
Oui. Beaucoup. Maintenant, c'est le temps de régler nos comptes. Aujourd'hui, vous nous devez huit cent cinquante-deux mille trois cent trente et un dollars et trente-deux sous.

JOHN A. MACDONALD
Vous n'avez pas agi en patriote pour le bien de votre pays ?

DONALD SMITH
Eh, le cave, j'ai-tu l'air d'une valise ? Envoye, crache le prix du transport, mon ostie de grippe-sou d'Écossais à marde. Pis oublie pas les trente-deux cennes.

FEMME-ORCHESTRE (*Chantant*)
We are the children,
Far from home we go.
We're here to kill the savage,
And learn the status quo.

Un nouveau titre apparaît à l'écran :

Regina

JUDGE

Louis Riel, the Crown asserts that you did « most wickedly, maliciously, and traitorously levy and make war against our said Lady, the Queen. » How do you plead ?

LOUIS RIEL

Mon peuple a été ignoré.
On nous a traités avec mépris.
On nous a dupés avec de beaux mensonges.
Un « gouvernement fou et irresponsable[7] » nous a transformés en loups.
Et comme le loup, nous défendons nos enfants bec et ongle.

JUDGE

Counsel, inform your client that political posturing is not welcome in this court. Convince him to enter a plea.

AVOCAT

Votre Honneur, nous avons des experts qui témoigneront que notre client n'est pas sain d'esprit.

FEMME-ORCHESTRE (*Chantant*)

We are the children,
Learning right from wrong.
Good little girls and boys,
Singing pretty songs.

CAMELOT

« Poundmaker et soixante de ses guerriers se livrent à la justice »

---

[7]   Louis Riel, « A3–012. Address to the Jury. [Regina]. [85/07/31] », dans *The Collected Writings of Louis Riel / Les écrits complets de Louis Riel*, vol. 3, Edmonton [amiskwaciy-wāskahikan ᐊᒥᐢᑲᐧᒋᐩ ᐊᐧᐢᑲᐦᐃᑲᐣ], University of Alberta Press, 1985, p. 535 ; traduit pour cette édition par Jean Marc Dalpé et Alexis Martin.

JUDGE
Poundmaker – you have been sentenced to three years' hard labour in the Stony Mountain Penitentiary.

JOHN A. MACDONALD
Attaboy.

CAMELOT
« Big Bear et presque toute sa bande ont été capturés à Carlton »

JUDGE
Big Bear – you have been sentenced to three years' hard labour in the Stony Mountain Penitentiary.

JOHN A. MACDONALD
Canada two – Rebellion zero.

Un nouveau titre apparaît à l'écran :

Regina
Une cellule

GÉNÉRAL MIDDLETON
Dumont should swing, not you. He is a savage. His tactics, Indian tactics, night attacks. Gentlemen do not fight wars at night.

LOUIS RIEL
Votre monde, Monsieur Middleton, je ne le comprends pas. Je connais la folie, je l'ai vue de près. D'abord, celle de la Compagnie de la Baie d'Hudson, maintenant celle des chemins de fer et celle des spéculateurs. Le gouvernement a beau tout leur donner, ces gens-là sont insatiables.

GÉNÉRAL MIDDLETON
Mr. Riel, I beg you. You will hang unless you take your lawyer's advice.

LOUIS RIEL
Mon avocat, c'est Dieu.

FEMME-ORCHESTRE (*Chantant*)
Naughty Mr. Big Bear,
Poundmaker too.
One Arrow and Dumont,
Riel, shame on you.

CAMELOT
« Riel accusé de trahison »

JOHN A. MACDONALD
Excellent.

CAMELOT
« Riel trouvé coupable »

JOHN A. MACDONALD
Une journée glorieuse pour le Canada.

CAMELOT
« Les jurés recommandent la clémence »

JOHN A. MACDONALD
Maudits libéraux.

CAMELOT
« Riel sera pendu »

JOHN A. MACDONALD
Game over.

Je propose qu'on le pende sur la place publique. Lui et les
Indiens de Battleford.

NIGEL
Mais pourquoi pendre les Indiens ? La menace venait des
Métis.

JOHN A. MACDONALD
Parce que les Indiens vont blâmer les Métis pour leurs morts.
Ils pourront plus se sentir pendant cent ans.

NIGEL
Si c'est le but, Monsieur, je propose qu'on oblige les enfants des sauvages à assister aux pendaisons. (*John A. Macdonald l'interroge du regard...*) Pour « tuer l'Indien dans l'enfant »... ?

JOHN A. MACDONALD
Bingo.

FEMME-ORCHESTRE (*Chantant*)
We are the children,
Come to watch the show.
Someone is gonna die,
Bad men on death row.

Un nouveau titre apparaît à l'écran:

Somewhere in the States

GABRIEL DUMONT
Pardonne-moi, Louis.

J'ai promis de venir te chercher.

Pour te délivrer de la prison où on t'a enchaîné, il me faudrait une armée.

Je suis seul.

Je suis perdu.

J'm'excuse.

Un nouveau titre apparaît à l'écran:

Battleford Industrial School

*Image VIDÉO: des enfants nēhiyaw en rangées.
Un prêtre prend la parole.*

PRÊTRE (*Aux enfants*)
Speak white, you filthy heathens!

Femme-orchestre (*Chantant*)
　　We are the children,
　　Forced to watch the show.
　　Today our heroes die...
　　Hey hey ya, way hey ha ha ho...
　　Swinging to and fro.

Prêtre
　　Pay attention children, you are about to see an entertainment.

Dominique/La comédienne
　　Kah-paypamhchukwao. [Esprit errant]

Chancz/Le comédien
　　Pahpah-me-kee-sick. [Celui qui marche dans le ciel]

Émilie/La comédienne
　　Manchoose. [Mauvaise flèche]

Jean Marc/Le comédien
　　Kit-ahwah-ke-ni. [L'Homme misérable]

Alexis/Le comédien
　　Itka. [Jambe croche]

Gabriel/Le comédien
　　Waywahnitch. [L'Homme qui manque de sang]

Katrine/la comédienne
　　Nahpase. [Corps de fer]

Charles/Le comédien
　　A-pis-chas-koos. [Petit ours]

Femme-orchestre
　　Louis Riel.

Émilie/La comédienne (*Chantant*)
　　Way hey hey yo hey hey yo.
　　Way way ya yo hey hey ya
　　Way hey hey yo hey hey yo.
　　Way way ya yo hey hey ya

Émilie arrête de chanter.
   Un temps.
   Image VIDÉO : les enfants perdent leurs plumes et
leurs vêtements blanchissent.
   Un nouveau titre apparaît à l'écran :

New York City
Deux ans plus tard

BUFFALO BILL
   Désolé, Gabriel. Mon public, ce qu'il veut voir, c'est un hors-
   la-loi. Le Canada t'a accordé ton pardon : pour toi, c'est bon,
   mais c'est ben bad pour la business.

GABRIEL DUMONT
   Je comprends ça, la business.

BUFFALO BILL
   Au moins, t'as eu la chance de visiter l'Amérique. Avoue que y
   a rien au monde comme la vue des buildings de New York la
   nuit.

   Tu vas où ?

GABRIEL DUMONT
   J'ai un paysage en tête. Tout ce que j'ai toujours voulu. Tout
   ce pour quoi je me suis battu. Je rentre chez nous.
      S'adressant maintenant au public.
   kiyamayow. ᖬᔔᒫᐤᐤ. Mes amis. Écoutez. nitohtamok.
   ᓂᒍᐦᑕᒧᐠ. Écoutez le son de la prairie la nuit. nitohtamok.
   ᓂᒍᐦᑕᒧᐠ. Li sons de la prairie li swayr. L'itii s'achève. Li fond
   de l'air est frais. nitohtamok. ᓂᒍᐦᑕᒧᐠ.

   Entendez-la. L'histoire des Métis. Des Blackfoot. Des
   Lakotas. Des Dakotas. Des Assiniboines. Des Saulteaux. Des
   Anishinabés. Celle du Canada aussi. Toutes ces histoires, on
   les raconte encore.

kīyānaw ōma āyisīniwak osci askihk. ēkwa namoya wihkāc
ē sipwihtēyahk. ᗴᕁᖑ° ᐈᒪ ᐊᐳᔦᓂᐊᐟ ᐅᓯᒋ ᐊᐣᑭᐟᐧ. ᐁᐸ·
ᖃᒧᕁ ᐃᐦᑲᐨ ᐁ ᓯᐱᐦᐧᑐᕁᐟᐧ. Nous sommes de ce pays. Nous
n'en sommes jamais partis.

otipīmsiwak. ᐅᑎᐱᔒᐢᐊᐟᐧ. On quittera zhamayn notre tayr.

KRYSTLE/LA COMÉDIENNE (*Chantant a cappella*)
Wey hey hey ya wey ya ha
Nepowi pematicio
Wey hey hey ya wey ya ha
Lalalalalalalala !

Noir.
FIN.

DOSSIER HISTORIQUE

Gabriel Dumont et les événements menant à la résistance du Nord-Ouest

Gabriel Dumont passe son enfance entre la colonie de la rivière Rouge, où il naît en 1837, et Fort Pitt, dans ce qui deviendra la Saskatchewan. Très jeune, ses habiletés de chasseur et de trappeur, de même que ses qualités de leader et de diplomate, sont reconnues. Adulte, il fonde, avec d'autres chasseurs, une communauté autorégulée, La Petite Ville, près de kisiskâciwani-sīpiy ᑭᓯᐢᑳᒋᐊᐧᓂ ᓰᐱᐩ (rivière Saskatchewan) ; il est choisi comme chef.

Les bisons se faisant de plus en plus rares, les Métis délaissent la chasse. Ils doivent dorénavant vivre de la terre, devenir fermiers, se sédentariser. À cette époque, les villages métis de la rivière Rouge sont déjà, eux, aux prises avec ce problème. Ils voient les arpenteurs du gouvernement débarquer et menacer la distribution traditionnelle des terres (à la française, c'est-à-dire que les propriétés sont rectangulaires et placées perpendiculairement par rapport au cours d'eau) : ils veulent les cadastrer à l'anglaise (en carré) sans se préoccuper du droit d'occupation et d'utilisation des terres par les habitants. Au fait de ces problèmes, Dumont rencontre Louis Riel – dont le gouvernement provisoire vient de signer la fin des négociations avec le gouvernement canadien, donnant ainsi naissance à la province du Manitoba – pour l'assurer de son soutien. Durant l'été 1870, il fait la tournée des tribus autochtones pour tenter de convaincre les chefs de former une grande alliance afin que tous, ensemble, puissent défendre leurs droits sur leurs terres ancestrales. Sa communauté et lui quittent La Petite Ville pour aller s'établir à Batoche, fondée en 1871. La population grandissante rend nécessaire l'établissement d'une forme de gouvernement autonome, et Gabriel Dumont est l'animateur des assemblées populaires à cet effet.

En 1873, la communauté se dote d'une constitution afin d'organiser la vie en commun – les règles rappellent celles des grandes chasses. Les Métis cherchent par là à remplir un vide juridique

créé par le gouvernement canadien lui-même ; il ne s'agit pas de défier le gouvernement. La communauté est donc administrée par les huit membres élus du Conseil, présidé par Gabriel Dumont ; elle se dote de vingt-huit lois ; des capitaines et soldats assurent la concorde civile ; le Conseil fait aussi office de cour de justice et lève les impôts.

L'année 1875 marque un tournant pour la communauté à plusieurs égards : la « Police montée » établit un quartier général permanent à Battleford ; les arpenteurs du Canadien Pacifique arrivent ; en 1876, le Traité n° 6 est signé entre le gouvernement et les chefs nēhiyaw ᐅᑊᐊᕁᐤ (Cris des Plaines), Dënesųłįne (Chipewyan), et Nakhóta/ Nakhóda (Assiniboines et Stoneys). Les Métis, et notamment le clan de Dumont, qui a servi d'interprète, réalisent que les tribus sont alors transférées dans des réserves, mais que leurs terres sont prises par le gouvernement. Par ailleurs, la communauté de Saint-Laurent, en aval de Batoche, doit gérer l'afflux de nouveaux arrivants : des chasseurs repoussés par les Américains en Saskatchewan et désespérés de la disparition des troupeaux de bisons ; des Métis de la rivière Rouge qui n'ont pas réussi à obtenir de droits de propriété à cause du fiasco des *scrips* et qui ont dû s'exiler plus à l'ouest.

Devant tous ces problèmes, Dumont agit en envoyant notamment des demandes au gouvernement, auxquelles le premier ministre John A. Macdonald reste sourd. Le 28 mars 1884, une assemblée de plusieurs centaines de personnes est convoquée, et il est alors décidé d'envoyer chercher Louis Riel. Dumont, accompagné de Michel Dumas et de James Isbister – représentant des Métis anglophones – partent au Montana en mai 1884 afin retrouver Louis Riel pour lui demander de venir les aider à convaincre le gouvernement de garantir leurs droits.

L'arrivée de Riel ne règle aucun problème. Ce dernier souhaite négocier pacifiquement avec le gouvernement comme en 1870, mais l'équilibre de pouvoir et les circonstances ont changé, et le gouvernement n'a nullement l'intention de négocier. Après des mois d'envois de pétitions sans réponses et de promesses non tenues d'enquêter sur les demandes des Métis, Dumont sait que la seule solution sera la résistance, qui devra passer par une guérilla rondement menée. Le 19 mars 1885, un gouvernement provisoire de la

Saskatchewan est formé et Gabriel Dumont est nommé adjudant général. Afin de récupérer les armes nécessaires à la défense de la communauté, les Métis tentent d'abord de prendre le fort Carlton. Le commandant du fort, Leif Newry Fitzroy Crozier, décide de se porter à l'avant des troupes métisses, et la bataille, qui a lieu au lac aux Canards (Duck Lake), est remportée par les Métis. À Ottawa, Macdonald apprend la défaite et demande à Middleton de préparer ses troupes, comptera bientôt plus de 5 000 soldats.

Si, dans un premier temps, les techniques de guérilla que préconise Dumont et la connaissance intime du terrain donneront aux Métis un avantage certain, notamment lors des batailles du lac aux Canards et de la Coulée des Tourond (Fish Creek), la résistance se bute bientôt à d'insurmontables obstacles. En premier lieu, les résistants sont en fort désavantage numérique ; Dumont tente de rassembler tous les Métis, nēhiyaw, Nakhóta/Nakhóda, Očhéthi Šakówiŋ et Niitsítapi, mais cette tentative se solde par un échec. Certains nēhiyaw, Nakhóta/Nakhóda, et Očhéthi Šakówiŋ le rejoignent, et il peut également compter sur l'appui des chefs Mistahi-maskwa ⌐ᑊᑕᐦᐁᐃᒪᑭ (Big Bear) et Pîhtokahanapiwiyin ᐱᒃᑐᑯᑊᐊᓇᐱᐃ (Poundmaker), mais la plupart des autres tribus, notamment la tribu Húŋkpapȟa Lakȟóta menée par le chef Tȟatȟáŋka Íyotake (Sitting Bull), refusent de se joindre à la résistance. Le manque de munitions et le siège que le général Middleton impose sur Batoche auront bientôt raison de la résistance qui, après trois jours de combats, tombe le 12 mai 1885.

Gabriel et sa femme Madeleine s'enfuient au Montana. Dumont essaie de convaincre les Métis du Montana de porter secours à Riel, qui s'est rendu et est emprisonné, mais sans succès. Riel est pendu le 15 novembre. Au printemps 1886, Madeleine décède, et Dumont est embauché par Bill Cody, dit Buffalo Bill, dans son show du *Wild West*. L'aventure dure quelques mois. À la fin de 1886, Dumont est amnistié comme le reste des résistants. Ce n'est qu'en 1893 qu'il rentre à Batoche. Il s'éteint subitement le 19 mai 1906.

L'histoire a retenu un Gabriel Dumont chef de guerre, mais il ne faut pas oublier qu'il fut un chef politique hors normes, doté de convictions profondes et d'une éthique irréprochable, qui privilégiera toujours la négociation politique et la diplomatie et n'aura fait appel à la violence qu'en dernier recours.

Et les femmes ?

Lorsque le sujet des résistances métisses est abordé, le débat a tendance à se focaliser sur les batailles et les accomplissements du gouvernement provisoire. En revanche, les rôles des femmes métisses sont rarement présentés. Or, les Métisses étaient étroitement touchées par ces conflits et constituaient une force active de soutien dans ces événements.

Si les femmes ne sont pas montées au front au moment des résistances métisses, elles prennent tout de même part aux discussions stratégiques. Pendant les combats, elles mettent à l'abri les personnes âgées et les enfants, et s'occupent d'eux. Certaines d'entre elles cuisinent aussi pour le gouvernement provisoire et soignent les blessés et les malades.

Une autre de leurs tâches est de fournir les hommes en balles. Elles font fondre dans des moules le métal de la doublure des boîtes de thé, des théières et le plomb qui entoure les produits de la Compagnie de la Baie d'Hudson. Si les balles sont trop grandes, elles grattent le surplus avec des couteaux. En plus de la production de balles, les Métisses doivent collecter les vieilles balles pour les réutiliser.

À la fin de la résistance du Nord-Ouest, en 1885, les familles métisses ont tout perdu. Les femmes dont le mari est mort ou a été emprisonné durant le conflit doivent trouver un moyen de subvenir aux besoins de leur famille. Elles demandent au gouvernement de leur accorder de l'aide alimentaire et de les dédommager pour le pillage et la destruction de leurs possessions par l'armée, mais leurs requêtes sont rejetées. À la perte des êtres chers et des biens matériels s'ajoutera donc désormais la pauvreté extrême. La reconstruction de la communauté et la survie de la nation métisse ont été portées par les femmes, grâce à leurs récits et au savoir-faire transmis de génération en génération. Ces récits mémoriaux sont au cœur du *Wild West Show de Gabriel Dumont*.

Le fiasco des *scripts* (certificats)

Charles Nolin – *Des tchitrrres. Ça prend des tchitrrres qu'y ont de l'allure ! On peut pas diviser ça comme les Anglais, en carrés fermés ! (Réactions d'approbation) Dumont, qu'est-ce tu dis de ça ?*

Le Wild West Show de Gabriel Dumont, acte 1, partie 2

Après l'entrée du Manitoba dans la Confédération canadienne, le gouvernement canadien met en place, dans le Nord-Ouest, le système des *scrips*. Il vise à pallier le manque de clarté de la *Loi sur le Manitoba* concernant la distribution des terres, pourtant l'objet principal – avec la représentation politique – de la résistance de la rivière Rouge. Ce système, qui consistait à envoyer des commissaires dans les communautés métisses pour qu'ils délivrent des *scrips* (des certificats), a été très lent et a provoqué un exil important de Métis vers le Montana et la Saskatchewan. Les Métis, individuellement, remplissaient des formulaires de demande. Le certificat reçu par un Métis pouvait être échangé contre de l'argent ou une terre (160 ou 240 acres, selon le statut et l'âge) ; le lieu de la parcelle allouée n'était pas spécifié. Les formulaires étaient compliqués, les démarches, laborieuses : il fallait se rendre à un bureau fédéral des titres fonciers et attendre pour savoir si le titre de la terre n'entrait pas en conflit avec d'autres personnes ou si les terres n'avaient pas été réservées pour d'autres projets (chemin de fer, écoles, etc.). Ce bureaucratisme exacerbé a eu pour résultat que de nombreux Métis n'ont pas fait de demande. En outre, ce système a ouvert la voie à une très forte spéculation et à de nombreuses fraudes.

De facto, le système des *scrips* a permis au gouvernement d'abolir les droits fonciers des Métis, de façon individuelle, une famille après l'autre. Cette politique peut être vue comme l'équivalent des traités entre l'État canadien et les Premières Nations, traités qui les ont dépossédées collectivement de leurs terres. Ce n'est donc pas un hasard si c'est à la suite des négociations du Traité n° 6, en 1876, auquel le clan Dumont a fait office d'interprète, que Gabriel Dumont commence à mobiliser les Métis autour de la question de la distribution des terres. Ce problème était d'autant plus pressant que les troupeaux de bisons disparaissaient rapidement et

que l'agriculture devenait centrale dans la subsistance des Métis. L'incapacité du gouvernement à régler de bonne foi cette question entraînera la résistance de 1885.

L'importance stratégique du train

L'un des grands rêves de John A. Macdonald est la construction d'un chemin de fer national. Plusieurs raisons politiques et économiques expliquent cette ambition : d'abord, il s'agit d'unifier les colonies ; c'est d'ailleurs une condition essentielle qu'impose la Colombie-Britannique pour rejoindre la Confédération canadienne. Le chemin de fer permet aussi de freiner l'expansion du réseau américain et d'ouvrir un vaste territoire propice à la colonisation agricole. Pour ce faire, la Couronne cherche à s'approprier les territoires ancestraux des Premières Nations. C'est à cet effet qu'elle négocie des ententes, les traités numérotés, avec les Premières Nations ; à ce jour, les modalités de ces ententes soulèvent toujours la controverse et font l'objet de contestations.

La compagnie de chemin de fer du Canadien Pacifique est constituée en 1881. L'entreprise, privée, est financée en partie par Donald Alexander Smith, futur Lord Strathcona ; c'est Sir William Cornelius Van Horne qui assure la direction des travaux de construction. Or, en 1884, l'argent vient à manquer car le tracé, complètement canadien, s'avère difficile et coûteux. Le gouvernement de Macdonald consent alors un prêt considérable à l'entreprise.

Lorsque la résistance du Nord-Ouest éclate en 1885, le chemin de fer n'est pas encore complété. Van Horne propose tout de même à Macdonald de transporter les troupes à Winnipeg par train sur les tronçons construits. Le voyage prend neuf jours, une fraction des trois mois qu'avaient mis les troupes à atteindre la colonie de la rivière Rouge en 1870. Aussi dispendieux puisse-t-il être, le chemin de fer s'avère d'une grande importance stratégique pour le gouvernement canadien. Le capital politique que retire Macdonald de l'intervention militaire à Batoche lui donne les coudées franches pour injecter plus de fonds dans la ligne ferroviaire transcontinentale, qui sera complétée l'année suivante ; les investisseurs du Canadien Pacifique en retireront de larges bénéfices.

Chronologie des résistances métisses

RÉSISTANCE DE LA RIVIÈRE ROUGE

1812 : Fondation de la colonie de la rivière Rouge sur le site de ce qui est aujourd'hui Winnipeg, au Manitoba.

1836 : La Compagnie de la Baie d'Hudson (CBH) contrôle la colonie ; celle-ci est habitée majoritairement par des Métis. Il y a des conflits constants entre les habitants et l'administration de la CBH.

1850 : Des colons protestants s'établissent progressivement sur les terres et imposent leur culture et leur religion.

1869 : Le gouvernement canadien commence à arpenter les fermes appartenant aux Métis de la colonie, et ce, sans vraiment respecter les droits d'occupation de ces derniers. En novembre, la CBH signe le transfert de son territoire à la Couronne britannique. Louis Riel est proclamé porte-parole du Comité national des Métis (CNM) et, à la tête d'un groupe de militants, prend la direction de la colonie de la rivière Rouge. Les communautés métisses se rallient rapidement à lui et, ensemble, ils empêchent le gouvernement de prendre possession de leurs terres. La résistance prend le contrôle du fort Garry et tente de négocier. Le CNM se transforme en gouvernement provisoire, et Louis Riel en prend la tête. Le gouvernement provisoire métis, après consultations, accepte de se joindre à la Confédération canadienne si les droits des Métis sont protégés et respectés.

1870 : Durant l'hiver, les conflits armés continuent. Parmi les prisonniers détenus par les résistants, Thomas Scott, un soldat orangiste, est condamné à mort et exécuté. Cet acte mène au refus de l'amnistie des chefs rebelles, dont Louis Riel, malgré le fait que les négociations continuent. Un accord est signé entre le gouvernement provisoire et la Confédération canadienne, et le 12 mai, la *Loi sur le Manitoba* reçoit la sanction royale, donnant naissance à cette

nouvelle province et garantissant aux Métis le titre de leurs terres. Le gouvernement gère très mal ce processus de transferts des titres à cause du système des certificats (*scrips*). Les Métis, étant toujours désavantagés, sont forcés d'aller s'établir plus à l'ouest.

RÉSISTANCE DU NORD-OUEST

1880 : Des chefs des différentes tribus autochtones (nēhiyaw ᗡ‖ᐃᗭ°/ Cris des Plaines, Siksiká/Pieds-Noirs, Kainai/Gens-du-Sang et Piikáni, ces trois dernières formant la Confédération des Pieds-Noirs, ou Niitsítapi/Siksikaitsitapi ᐧᒄᐧᐧᒲ) des plaines de l'Ouest sont aux abois, car les troupeaux de bisons disparaissent et la famine se fait sentir. En outre, ils ont été dépossédés de leurs territoires à la suite de la signature de traités non respectés par Ottawa. Les Métis vivent toujours dans une situation incertaine quant à leurs terres.

1884 : Gabriel Dumont part au Montana demander à Louis Riel de revenir de son exil pour aider les Métis et les Premières Nations de la Saskatchewan à faire en sorte que leurs droits sur leurs terres soient reconnus et à lutter contre les ambitions du gouvernement canadien.

Mars 1885 : Les Métis exigent des droits permanents sur leurs terres. Ils rédigent une *Déclaration révolutionnaire des droits*, déclarent un nouveau gouvernement provisoire, s'installent dans l'église Saint-Antoine-de-Padoue, à Batoche, et nomment Louis Riel et Gabriel Dumont président et commandant militaire respectivement. Ils demandent le contrôle du poste de traite du fort Carlton et se placent stratégiquement entre ce dernier et Batoche à Duck Lake. La Police à cheval du Nord-Ouest, ou North-West Mounted Police (NWMP), dirigée par Crozier, se dirige également à Duck Lake. La bataille a lieu, et les Métis en sortent vainqueurs. Le gouvernement d'Ottawa décide d'accélérer la mobilisation de ses forces.

Avril 1885 : Le gouvernement canadien réussit à mobiliser une force d'environ 5 000 hommes sous le commandement du major général Frederick Dobson Middleton. Les résistants commencent le siège du fort Battleford. La majorité des chefs des Prairies signent des traités avec Ottawa, qui les déplace sur des réserves. Une bande

nēhiyaw résiste, dirigée par le chef Mistahi-maskwa ᒥᔖᐃᒪᐢᐠ· (Big Bear), qui refuse de voir son peuple transféré dans une réserve. Le gouvernement lui coupe les vivres et la famine qui en résulte provoque leur attaque contre les forces canadiennes à Frog Lake. En raison de l'épisode de Frog Lake et du siège de Battleford, Middleton décide de diviser ses hommes en trois colonnes : une se dirige vers Batoche ; une reste à Calgary ; la dernière se rend à Battleford. Gabriel Dumont et ses hommes décident d'aller à la rencontre du bataillon marchant vers Batoche, et c'est l'affrontement à la Coulée des Tourond (Fish Creek). Malgré un ratio d'un pour neuf, Dumont et ses troupes vainquent les troupes du gouvernement.

Mai 1885 : La troisième colonne, en route vers Battleford, est défaite par les forces Nakhóta/Nakhóda (Assiniboines et Stoneys) et nēhiyaw à Cut Knife Creek, en Saskatchewan. Middleton attend des renforts et, le 9 mai, attaque Batoche. Il compte dans son arsenal une mitrailleuse Gatling, la première arme à tir multiple fonctionnelle. Le 12, les Métis, à court de munitions, sont défaits. Riel se rend le 15, et Dumont s'enfuit au Montana. D'autres troupes canadiennes arrivent, le chef nēhiyaw Pîhtokahanapiwiyin ᐱᐦᑐᑳᐦᐊᓇᐱᐏᔨᐣ (Poundmaker) et d'autres tribus sont battus à Battleford ; Pîhtokahanapiwiyin se rend le 26.

Juin 1885 : Un dernier combat au lac Loon marque la fin du conflit ; presque tous les chefs capitulent, sauf Mistahi-maskwa, qui réussit à s'enfuir, mais qui se rendra en juillet.

Septembre 1885 : Louis Riel est jugé pour haute trahison. Le 18, il est condamné à mort. Les chefs Mistahi-maskwa et Pîhtokahanapiwiyin sont condamnés à trois ans de prison.

Novembre 1885 : Le 16, Riel est pendu à Regina, Saskatchewan. Le 27, six guerriers nēhiyaw et deux guerriers Nakhóta/Nakhóda sont pendus à Battleford, Saskatchewan : Kah-paypamhchukwao (Esprit errant), Manchoose (Mauvaise flèche), Pahpah-me-kee-sick (Celui qui marche dans le ciel), Kit-ahwah-ke-ni (L'Homme misérable), A-pis-chas-koos (Petit ours), Nahpase (Corps de fer), Itka (Jambe croche) et Waywahnitch (L'Homme qui manque de sang). Les élèves du pensionnat autochtone de Battleford, ouvert

en 1883, sont forcés d'assister à ces pendaisons. L'amnistie générale est déclarée pour les autres combattants.

RÉFÉRENCES

Ces éléments de contexte sont en grande partie tirés et adaptés du microsite préparé par le Théâtre français du Centre national des Arts lors de la production du *Wild West Show de Gabriel Dumont*, et plus spécifiquement des articles « La vie de Gabriel Dumont » d'Aurélie Lacassagne, « Le rôle des femmes métisses dans les résistances » de Joanna Seraphim et la « Chronologie des résistances métisses » préparée par Isaac Robitaille. Nous remercions les autrices et l'auteur ainsi que le CNA de nous permettre cet emprunt.

Une carte des lieux mentionnés dans la pièce a été créée par Léo Larivière, spécialiste en cartographie à l'Université Laurentienne, et est disponible à l'adresse suivante : http://naccna-pdf.s3.amazonaws.com/theatrefrancais/wildwestshow/carte_de_1885_concue_par_leo_lariviere-2.pdf.

Le microsite complet est disponible à l'adresse suivante : https://nac-cna.ca/fr/wildwestshow/historique.

Pour aller plus loin

Adams, Christopher, Gregg Dahl et Ian Peach (dir.), *Métis in Canada. History, Identity, Law & Politics*, Saskatoon, University of Alberta Press, 2014.

Campbell, Maria, *Halfbreed*, traduit de l'anglais par Charles Bender et Jean Marc Dalpé, Sudbury, Éditions Prise de parole, 2021 [1973].

Dumont, Gabriel, *Mémoires et récits de vie*, textes établis et annotés par Denis Combet, Saint-Boniface, Éditions du Blé, 2018.

———, *Souvenirs de résistance d'un immortel de l'Ouest*, présentation et notes de Denis Combet et Ismène Toussaint, Québec, Éditions Cornac, 2009.

Dumont, Marilyn, *The Pemmican Eaters*, Toronto, ECW Press, 2015.

Lacassagne, Aurélie, *Mémoires éclatées, mémoires conciliées : essai sur le* Wild West Show de Gabriel Dumont, Sudbury, Éditions Prise de parole, 2021.

Lischke, Ute et Davis McNab (dir.), *The Long Journey of a Forgotten People : Métis Identities and Family Histories*, Waterloo, Wilfrid Laurier Press, 2007.

Miller, Christine et Patricia Chuchryk (dir.), *Women of the First Nations : Power, Wisdom, and Strength*, Winnipeg, University of Manitoba Press, 1996.

Nolan, Yvette, *Medicine Shows. Indigenous Performance Culture*, Toronto, Playwrights Canada Press, 2015.

Payment, Diane, *The Free People – Li gens libres. A History of the Métis Community of Batoche, Saskatchewan*, Calgary, Calgary University Press, 2009.

Saul, John, *Mon pays métis : quelques vérités au sujet du Canada*, traduit de l'anglais par Rachel Martinez et Ève Renaud, Montréal, Boréal, 2008.

Scofield, Gregory, *Louis : Poèmes hérétiques*, traduit de l'anglais par Daniel Aubin, Sudbury, Éditions Prise de parole, 2020.

À propos des auteurs et autrices

Comédien, poète, romancier, dramaturge, traducteur et scénariste, **Jean Marc Dalpé** se place au rang des écrivains majeurs de notre époque. Il a remporté le prix du Gouverneur général à trois reprises, le premier pour la pièce *Le Chien* (1989) ; viennent ensuite le recueil de pièces *Il n'y a que l'amour* (1999) et le roman *Un vent se lève qui éparpille* (2000).

David Granger a étudié à l'École supérieure de théâtre de l'Université du Québec à Montréal. Tout à tour scénographe, metteur en scène, comédien et auteur, il a mis ses talents aux services de nombreuses compagnies, dont La Troupe du Jour de Saskatoon. Depuis 2015, il occupe le poste d'accessoiriste en chef au Département de théâtre de l'Université de la Saskatchewan.

Bilingue, **Laura Lussier** sait à peu près tout faire : jouer, mettre en scène, produire, écrire, animer des ateliers de théâtre et s'illustrer à la télé. Invitée à participer à plus de vingt-cinq productions, cette comédienne de formation s'aventure depuis 2009 sur le continent de la mise en scène. Elle est la fondatrice et la directrice artistique du Théâtre P'tits bouts d'choux.

Alexis Martin a toutes les cordes à son arc. Formé au Conservatoire d'art dramatique de Montréal, il a joué des dizaines de rôles sur les planches de théâtre, au petit écran et au cinéma. Il est aussi codirecteur artistique du Nouveau Théâtre Expérimental depuis 1999, lieu où il expérimente en écriture, en jeu et en mise en scène.

Andrea Menard est chanteuse, compositrice, autrice et actrice. Ayant à cœur de promouvoir la réconciliation et l'unité entre les nations, elle incarne à elle seule les richesses de la culture métisse, que ce soit en concert, sur des pièces enregistrées ou à la télévision. Engagée corps et âme dans le monde, elle a chanté ses idéaux devant des représentants de la royauté, des premiers ministres, des ambassadeurs et des gouverneurs généraux.

Née en Saskatchewan d'une mère anicinâbe (algonquine) et d'un père immigrant irlandais, **Yvette Nolan** sait manier la plume : elle est l'autrice de plusieurs pièces de théâtre et a également mis en scène de nombreux spectacles. Elle a été directrice artistique de Native Earth Performing Arts et a consacré un livre au théâtre autochtone au Canada, *Medicine Shows : Indigenous Performance Culture*. Elle vit à Toronto.

Gilles Poulin-Denis est un comédien, auteur, traducteur et metteur en scène originaire de la Saskatchewan. Comme interprète, Gilles a travaillé pour de nombreuses compagnies de théâtre, de Vancouver à Bruxelles. Depuis 2009, il a signé quatre pièces de théâtre ainsi que plusieurs courts textes scéniques. Il est directeur artistique de la compagnie 2par4 ainsi que de la biennale Zones théâtrales au Centre national des arts.

Née dans le nord de la Saskatchewanm, **Paula-Jean Prudat** est une autrice et actrice nēhiyaw ᐅᐦᐃᔭᐳ (crie), saulteaux et fière Métis. Lauréate du REVEAL Indigenous Art Award et finaliste au K. M. Hunter Award en 2017, Paula-Jean s'est produite sur les scènes d'un peu partout au Canada et aux États-Unis. Elle a écrit les textes *Emerge in Repose* et *Réunir*, et travaille présentement à l'écriture d'une pièce de théâtre.

Mansel Robinson est natif de Chapleau, en Ontario, et a longtemps résidé en Saskatchewan. C'est par ses pièces que sa langue traverse le territoire canadien : ses œuvres théâtrales, parmi lesquelles trois ont été traduites en français par Jean Marc Dalpé, ont été présentées à Calgary, Saskatoon, Edmonton, Ottawa et Montréal. Lauréat de nombreuses récompenses, il a été finaliste pour le prestigieux prix Siminovitch de théâtre.

Dramaturge nēhiyaw ᐅᐦᐃᔭᐳ (cri) du Territoire du Traité n° 4 des Premières Nations de George Gordon, **Kenneth T. Williams** est le premier Autochtone à avoir obtenu une maîtrise des beaux-arts en écriture de l'Université de l'Alberta. Parmi ses pièces, on compte notamment *Care*, *Café Daughter*, *Gordon Winter*, *Thunderstick*, *Bannock Republic*, *Suicide Notes* et *Three Little Birds*. Il enseigne au département d'art dramatique à l'Université de l'Alberta.

À propos des traducteurs et traductrices

Marjorie Beaucage est une fière Métisse bispirituelle, agente culturelle et vidéaste activiste communautaire. Marjorie a cofondé l'Aboriginal Film & Video Art Alliance. Elle a servi d'ambassadrice culturelle dans la négociation d'ententes de partenariats et d'alliances autonomes auprès du Banff Centre, de V-tape et du Conseil des arts du Canada qui ont mené à la création de programmes d'arts autochtones. En 1992, elle a assuré la programmation du Reel Aboriginal at Harbourfront, le premier festival de cinéma autochtone de Toronto.

Fanny Britt est écrivaine, dramaturge, scénariste et traductrice. Elle a écrit quinze pièces, incluant *Bienveillance* (Prix du Gouverneur général, 2013), *Hurlevents* (2018) et *Lysis* (2020), coécrit avec Alexia Bürger. Ses deux bandes dessinées illustrées par Isabelle Arsenault, *Jane, le renard et moi* et *Louis parmi les spectres*, ont été traduites dans une dizaine de langues. *Les maisons*, son premier roman, a été finaliste au prix France-Québec et au Prix littéraire des collégiens.

Alexis Diamond est une librettiste, traductrice et dramaturge montréalaise œuvrant en français et en anglais. Son travail, maintes fois primé, a été présenté à travers le Canada, aux États-Unis et en Europe. Alexis a été codirectrice artistique du festival du Jamais Lu présenté en mai 2019, où elle a présenté *Faux-amis*, une pièce principalement en français coécrite avec Hubert Lemire. Elle habite à Montréal.

Maureen Labonté est dramaturge, traductrice et professeure. Elle est la coordonnatrice du volet Mentorat pour traductrices et traducteurs émergents de la Fondation Cole de Playwrights' Workshop Montréal. De 2006 à 2011, Maureen a été codirectrice de la Banff Playwrights' Colony du Centre Banff pour les arts. Elle enseigne à l'École nationale de théâtre du Canada depuis les années 1990.

Maureen a traduit plus de quarante-cinq pièces dramaturgiques québécoises vers l'anglais.

Randy Morin nitisihkāson ᓂᑎᓯᐦᑳᓱᐣ est membre de la Première Nation mistahi sīpīy ᒥᐢᑕᐦᐃ ᓯᐲᕗ (Big River), en Saskatchewan, sur le Territoire du Traité n° 6. Au sein du système d'enseignement occidental, il a obtenu un baccalauréat ès arts en études autochtones, un baccalauréat en éducation et une maîtrise en revitalisation des langues autochtones. Tout au long de sa vie, il a étudié les enseignements traditionnels des Cris des Plaines. Il est un oskāpēwis ᐅᐢᑳᐯᐃᐧᐢ (assistant) auprès de plusieurs personnes de sa communauté. Il est un fervent défenseur de la langue et de la culture nēhiyawēwin ᑎᐦᐊᔭᐯᐅᐧᐣ et est présentement professeur adjoint à l'Université de la Saskatchewan. Randy est aussi l'auteur de deux livres cris pour la jeunesse.

Gabriel Dumont à Fort Assiniboine, 1885. Photographié par Orlando Goff (1843-1916). Source : Toronto Star Photograph Archive, reproduction autorisée par la Bibliothèque publique de Toronto.

Gabriel Dumont at Fort Assiniboine, 1885. Photographed by Orlando Goff (1843–1916). Source : Toronto Star Photograph Archive, Courtesy of Toronto Public Library.

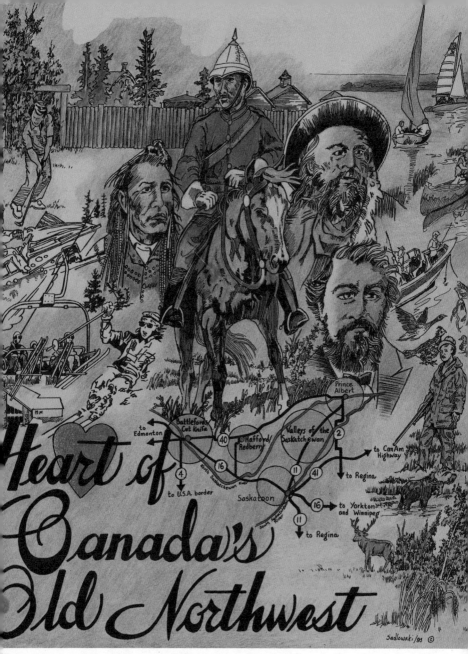

Affiche « Heart of Canada's Old Northwest ». Œuvre de Julian Sadlowski, 1993. Source :
Université de la Saskatchewan, Archives et collections spéciales de l'Université, fonds
Hans Dommasch, MG 172, Posters – Canada. Les éditeurs ont tenté en vain de contacter
les détenteurs des droits d'auteur pour cette image. Nous demandons à toute personne
disposant d'informations relatives au titulaire des droits de cette image de nous contacter.

"Heart of Canada's Old Northwest" Poster. Artist : Julian Sadlowski. 1993. Source : University
of Saskatchewan, University Archives and Special Collections, Hans Dommasch fonds, MG
172, Posters – Canada. The publishers have made a concerted effort to trace and contact the
copyright holder of this image, without success. We ask anyone with information relating
to the rights holder of this material to contact us.

Battle of Fish Creek. Estampe. Œuvre de Fred W. Curzon, Toronto [Aterón:to/ Tkarón:to], Ontario, 1885. Source : Bibliothèque et Archives Canada, c002425k.